In dieser Reihe sind
bisher erschienen:

Richtig Badminton
Richtig Basketball
Richtig Carven
Richtig Fitness-Skating
Richtig Fußball
Richtig Golf
Richtig Golf länger und genauer
Richtig Golf rund ums Grün
Richtig Inline-Skating
Richtig Jogging
Richtig Kanufahren
Richtig Karate
Richtig Marathon
Richtig Mountainbiken
Richtig Muskeltraining
Richtig Paragliding
Richtig Reiten
Richtig Rennradfahren
Richtig Schwimmen
Richtig Segeln
Richtig Snowboarding
Richtig Sportklettern
Richtig Stretching
Richtig Teakwondo
Richtig Tanzen Lateinamerikanische Tänze
Richtig Tanzen Standardtänze
Richtig Tanzen Modetänze
Richtig Tauchen
Richtig Tennis
Richtig Tennistraining
Richtig Tischtennis
Richtig Torwarttraining
Richtig Walking
Richtig Yoga

BLV SPORTPRAXIS TOP

Olaf Hoos
Sebastian Baumgartner

RICHTIG

Fitness-Skating

blv

Die Deutsche Bibliothek –
CIP-Einheitsaufnahme

Ein Titeldatensatz für diese Publikation
ist bei Der Deutschen Bibliothek erhältlich

BLV Verlagsgesellschaft mbH
München Wien Zürich
80797 München

BLV Sportpraxis Top

Zweite, durchgesehene Auflage

Satz, Layout und DTP:
Gaby Herbrecht, München
Lektorat: Karin Steinbach
Herstellung: Rosemarie Schmid
Druck: Appl, Wemding
Bindung: Conzella, Urban Meister,
München
Umschlaggestaltung: Joko Sander
Werbeagentur, München

Gedruckt auf chlorfrei gebleichtem Papier

Printed in Germany · ISBN 3-405-15713-7

Olaf Hoos (links), Jahrgang 1972, arbeitet als wissenschaftlicher Mitarbeiter und Doktorand im Bereich Sportmedizin der Philipps-Universität Marburg. Er betreut unter anderem die Nationalmannschaft des DRIVe in leistungsdiagnostischen Fragen und schreibt seine Doktorarbeit über bewegungs- und trainingswissenschaftliche Aspekte des Speed-Skatings. Sportlich aktiv ist er im Laufen und Speed-Skating.

Sebastian Baumgartner (rechts), Jahrgang 1970, ist der bekannteste deutsche Speed-Skater im Marathonbereich und Kenner der Speed-Szene. Er hat seit 1995 zahlreiche Marathonrennen gewonnen (darunter Köln 1997) und war Teilnehmer der Weltmeisterschaften im Speed-Skating 1996 in Italien. Neben der Betreuung von Profi-Teams ist er Initiator einer deutschlandweiten Workshop-Serie zur Vermittlung der Speed-Skating-Technik.

Bildnachweis
Alle Fotos (70) von D. Strasser außer: Sebastian Baumgartner: S. 73 (5), 74 r., u., 94 (3), 95 (4); P. Beyer: S. 17; Feline: S. 21 o.; Olaf Hoos: S. 60, 91 (2), 92 (2), 93 (3); Christiane Müller: S. 2, 16, 39, 87 (2), 88 l., 105; Roces: S. 22; Salomon: S. 10, 19, 21 u. 23 (4), 24, 25 (2), 26, 27, 28, 121

Grafiken: Jörg Mair

Umschlagfotos: Bavaria Bildagentur (Vorderseite), Christiane Müller/Salomon (Rückseite)

Der Verlag und die Autoren danken der Firma Salomon für ihre freundliche und großzügige Unterstützung, Kathrin Mayer, Stephanie Pipke, Stefanie Tuma, Andrea Höflehner und Dirk Scharler, die sich für die Fotoaufnahmen zur Verfügung gestellt haben, sowie Dr. Kuno Hottenrott und Dirk Scharler für ihre beratende Mitarbeit.

Inhalt

Fitness-Skaten bedeutet auch Gruppen- und Landschaftserlebnis

Etwas für die Gesundheit tun und Spaß dabei haben: Fitness-Skating

Fitness-Skating: mehr als ein Trend

Die Begriffe Gesundheit und Fitness haben für manche Menschen eine unterschiedliche Bedeutung. Für den einen sind sie das Gegenteil von Krankheit bzw. ein Synonym für gute körperliche Leistungsfähigkeit, für die anderen (etwa die Weltgesundheitsorganisation, WHO) drücken sie geistiges, körperliches und soziales Wohlbefinden aus, einen bewusst angestrebten Leistungszustand, der über das gesundheitliche Wohlbefinden hinausgeht. Eines aber gilt für fast alle Mitglieder unserer Gesellschaft: Fit zu sein ist »in«, fit sein und Erfolg haben liegen dicht beieinander – das heißt, Fitness ist ein erstrebenswertes Ziel.
Die Realisierung des Fitnessgedankens steht aber im Gegensatz zur heutigen »Bewegungsmangelgesellschaft«. Der Mensch entzieht sich im Alltag seinem natürlichen Bewegungsdrang – mit der Konsequenz, dass gesundheitliche Beeinträchtigungen wie z. B. Schwächung von Immunsystem und Herz-Kreislauf-Funktion gehäuft auftreten. Sportliche Aktivität in der Freizeit ist mittlerweile unumgänglich geworden, um dem Bewegungsmangel zu begegnen und dem Körper den notwendigen Bewegungsreiz zu bieten. Nur so kann die Erhaltung bzw. Schaffung eines Gleichgewichts aus körperlicher und geistiger Fitness gewährleistet werden.

Wer am Thema Fitness interessiert ist, weiß, dass die Angebote für eine sportlich-aktive Freizeitgestaltung äußerst vielfältig sind. Sie reichen von einem Riesenangebot an Fitnessstudien über das Vereinsleben in den verschiedensten Sportarten bis hin zu ständig neu entstehenden Fun- und Trendsportarten. Die Entwicklung der neunziger Jahre des 20. Jahrhunderts im Freizeit- und Sportverhalten hat zusätzlich zur körperlichen Herausforderung den Erlebnischarakter in den Mittelpunkt sportlicher Aktivitäten gerückt.
Das Fitness-Skating ist eine solche Disziplin; sie entspricht jedoch nicht nur dem modernen Zeitgeist, sondern hat sich mittlerweile von einer Trendsportart zum Breiten-, Fitness- und Leistungssport entwickelt. Das Besondere am Fitness-Skating ist die Verbindung von Spaß, Erlebnis und sportlicher Fortbewegung. Es vereint sanftes Dahingleiten durch die Natur mit einer dynamischen Bewegung über das »schwarze Eis«. Freude an der Bewegung, schnell zu erzielende Erfolgserlebnisse und ein bei fachgerechter Anleitung leichter Einstieg ermöglichen es, langfristig und gesund Sport zu treiben. Fitness-Skating ist ein abwechslungs- und erlebnisreiches Training auf Inline-Skates.
Dieses Buch richtet sich an alle Fitness-Enthusiasten, die die Grundtechniken des Inline-Skatings bereits beherrschen und es als attraktive Bewegungsform in ihr Trainingsrepertoire integrieren wollen. Genauso spricht

Fitness-Skating: mehr als ein Trend

Ihre Skates sind ein ideales Fitnessgerät!

es alle Inline-Skater an, die ihren Lifestyle-Sport gleichzeitig zur Steigerung ihrer körperlichen Fitness nutzen wollen. Die folgenden Seiten geben außerdem Kennern und Sympathisanten der wachsenden Speed-Skating-Szene Hinweise, Anregungen und Tipps zu Theorie und Praxis und erleichtern den Einstieg in das schnelle und ökonomische Skaten.
Basierend auf unseren praktischen und theoretischen Erfahrungen im Fitness- und Speed-Skating möchten wir Ihnen nicht nur verschiedene Möglichkeiten zur Erhaltung bzw. Verbesserung Ihrer Fitness auf Inline-Skates aufzeigen, sondern gleichzeitig verdeutlichen, dass Fitnesstraining sehr viel mit Freude an Bewegung und erlebnisreicher Auseinandersetzung mit dem eigenen Körper zu tun hat. Inline-Skates sind ein nahezu vollwertiges Fitness-Tool und ermöglichen es, mit geringem Aufwand ein effektives Training zu absolvieren – Fitness-Skating wird Ihren Alltag bereichern!

Anmerkung: Alle nachfolgenden Bilder ohne Schutzausrüstung dienen ausschließlich der Verdeutlichung von Winkel- und Gelenkstellungen unter bewegungswissenschaftlichen Gesichtspunkten oder stammen aus dem Speed-Skating-Wettkampfbereich. Für den Fitness-Skater auf öffentlichen Wegen gilt immer: In jedem Fall vollständige Schutzkleidung tragen!

Inline-Skating – ein Fitnesserlebnis für alle

Faszination Inline-Skating – Lifestyle und Sport für Jung und Alt

Inline-Skating erlebte in den Neunzigern des vergangenen Jahrhunderts einen Boom, der nicht zu stoppen ist. Immer mehr Menschen zieht es auf die Straße, um das besondere Feeling auf acht Rollen zu suchen. Bereits jeder zehnte Deutsche ist im Besitz der »rollenden Schuhe«, die das unbeschwerte Dahingleiten ermöglichen. Nicht nur bei Kindern und Jugendlichen erfreut sich dieser Sport großer Beliebtheit, sondern auch bei Erwachsenen und älteren Menschen liegt das Skaten voll im Trend. Ganze Familien schnallen sich Inline-Skates unter und genießen regelmäßig den Spaziergang auf Rollen.
Doch wo liegt der besondere Reiz, der so viele Menschen auf Inline-Skates lockt? Bei Kindern und Jugendlichen lauten die Antworten: Skaten ist cool. Skaten ist unbekümmerte Freiheit und Individualität. Tricks, Stunts und Sprünge sind Ausdruck von Lebensgefühl.
Kinder und Jugendliche bilden aber längst nicht das Gros der Inline-Skater, denn etwa 80 Prozent aller verkauften Inline-Skates werden von Erwachsenen im Fitness- und Recreation-Bereich eingesetzt. Die »Fitnessfront« hat diese Sportart für sich entdeckt.
Die Fortbewegungsform auf Rollen übt auf alle eine besondere Anziehungskraft aus, denn Fitness-Skating ist ein einzigartiger Sommersport. Durch das simple Unterschnallen von acht bzw. zehn Rollen verdoppelt sich die Fortbewegungsgeschwindigkeit im Vergleich zum Laufen. Das schnelle Gleiten über den Asphalt infiziert die Leute regelrecht mit Bewegungssucht. Es scheint so, als habe das Inline-Skating das von einigen schon vergessene natürliche Bewegungsbedürfnis des Menschen wieder reanimiert. Ehemalige »Bewegungsmuffel« und Skeptiker des Fitness- und Ausdauersports, die dem Joggen und

Selbst die Älteren entdecken das Skaten für sich

Fitnesserlebnis für alle

Radfahren wenig abgewinnen konnten, sieht man nun häufiger auf ihren Hausstrecken beim Skaten. Genauso trifft man Fitnessumsteiger aus anderen Bereichen. Ehemalige Mountainbiker und Radsportler, einstige Triathleten und Langstreckenläufer suchen neue Wege, um sich abwechslungsreich fit zu halten. Auch sie werden beim Fitness-Skating fündig. Es ist die Empfindung von Freiheit und Natur durch körperliches Erfahren, das die Menschen fasziniert, fesselt und glücklich macht.

Fitness-Skaten: ein Sport für alle Altersgruppen

An der Spitze dieser rasanten Entwicklung steht die wachsende Sportart Speed-Skating, die ihren eigentlichen Ursprung im traditionellen Rollschnelllauf hat. Speed-Skating-Events auf der Straße wachsen in Dimensionen, die sich denen der Volks- und Marathonläufe annähern, und rekrutieren ihre Teilnehmermassen aus dem Fitnessbereich. Durch die Vertretung im Deutschen Rollsport- und Inline-Verband e. V. (DRIVe) und die Aufnahme in den Deutschen Sportbund (DSB) sind der Etablierung des Inline-Skatings als Fitness- und Wettkampfsportart weitere Türen geöffnet worden. Den Ursprung des Inline-Skatings als Fun- bzw. Trendsportart lässt aber eine Tatsache niemals verkennen: die angenehm entspannte, stressfreie und positive Einstellung ihrer Betreiber. Lifestyle und Sport verbinden sich hier zu einem Fitnessgefühl, das Schule machen sollte!

Gesundheitliche Aspekte des Inline-Skatings – Prävention und Fitness

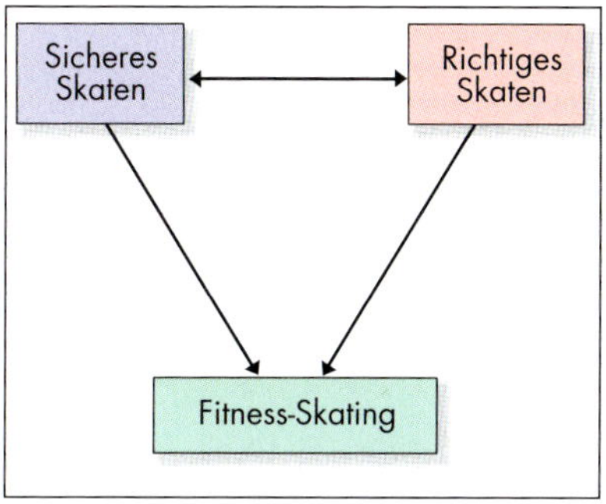

Das Fitness-Skating-Modul

Gesundheitsfördernde Belastungen sind solche, die den Organismus in einer reizwirksamen Form ansprechen, das heißt, dass er weder über- noch unterfordert wird. Positive Anpassungen sind die Folge, die den Körper widerstands- und leistungsfähiger machen. Fitnesstraining beinhaltet auch immer Gesundheitstraining. Fitness-Skating kann dazu in optimaler Weise beitragen, wenn folgende Voraussetzungen erfüllt sind:

- Sicherheit und Schutz vor Verletzungen
- angemessene Beanspruchung von Halte- und Stützapparat sowie des Herz-Kreislauf-Systems

Diese beiden Faktoren bilden die Basis für ein effektives Training auf Inline-Skates und sind im »Fitness-Skating-Modul« in der Grafik rechts oben verdeutlicht.
Sicheres Skaten sollte als erste Grundvoraussetzung berücksichtigt werden. Dazu gehört das sichere Beherrschen der Grundtechniken genauso wie der Schutz durch Protektoren. Fitness lässt sich am besten trainieren, wenn Sie sich auf die Fitnessübung konzentrieren können und Verletzungen durch Stürze vermeiden. Richtiges Skaten stellt eine Bewegungstechnik für konditionelles Training auf Inline-Skates sicher, die sowohl Ihr Bewegungssystem als auch Ihr Herz-Kreislauf-System möglichst angemessen beansprucht. Dies ist die Voraussetzung, um einen effektiven Trainingsreiz zu setzen, denn die Verbesserung der Ausdauer auf Kosten von Überlastungen des Stütz- und Halteapparats dient langfristig weder der Gesundheit noch der Fitness.
Betrachtet man die grundsätzliche Wirkung ausdauernden Skatens auf den Körper, so fällt Folgendes auf:

> Ähnlich wie die großen Ausdauersportarten Laufen, Radfahren und Schwimmen verbessert Fitness-Skating die Durchblutung sowie die Funktionsfähigkeit des Herz-Kreislauf-Systems.

Man kann so den Fettstoffwechsel günstig beeinflussen, die Ausdauer verbessern und das Gewebe straffen. Kondition und Koordination sowie der Gleichgewichtssinn werden geschult. Darüber hinaus werden die Gelenke durch die gleitende Fort-

bewegung kaum mehr belastet als beim Gehen. Fitness-Skating besitzt damit ein hohes präventives Potenzial. Nicht nur Stoffwechsel- und Herz-Kreislauf-Krankheiten lässt sich auf diese Weise vorbeugen, sondern auch Übergewichtige erhalten die Chance eines idealen, weil sanften Einstiegs in den Ausdauersport.
Die Verbindung aus statischer muskulärer Stabilisation und dynamisch-koordinativem Bewegungsablauf hat das Inline-Skating mittlerweile sogar für den rehabilitativen und sportmedizinischen Bereich interessant gemacht. So gibt es bereits erfolgreiche Ansätze zum Einsatz des Inline-Skatings als Trainings-Tool, um einen schnelleren Wiederaufbau der Oberschenkelmuskulatur nach einer vorangegangenen Verletzung zu gewährleisten. Das Inline-Skating wirkt sich nicht nur aufgrund des hohen Kraftreizes, sondern auch wegen des koordinativen Reizes günstig auf die vordere Oberschenkelmuskulatur aus. Die Muskeln, gerade im Bereich des Oberschenkels, sind beim Skaten ständig gezwungen, die durch den Untergrund hervorgerufenen Vibrationen auszugleichen. Sie reagieren darauf, indem sie durch ein optimiertes Zusammenspiel eine stabile Position gewährleisten. Der Einsatz des Inline-Skatens bei der Rehabilitation hängt allerdings wesentlich von der Art der Verletzung, den vorhandenen sportlichen Fertigkeiten des Betroffenen und von einer angemessenen Belastungsweise bzw. Bewegungstechnik ab.

Fitness- und Recreation-Skating

Speed-Skating

Die Disziplinen im Überblick

Inline-Skating bietet mittlerweile eine facettenreiche und ständig wachsende Vielfalt von Disziplinen, die von einem breit gefächerten Personenkreis aus den unterschiedlichsten Gründen ausgeübt werden. Im Nachfolgenden werden die populärsten davon kurz vorgestellt. Auf jene, die für ein Fitnesstraining besonders geeignet sind, wird in den weiteren Kapiteln ausführlicher eingegangen.

Fitness- und Recreation-Skating

Das Fitness- und Recreation-Skating ist bei weitem die beliebteste Sparte des Inline-Skatings. Fitness- und Wellness-Enthusiasten schätzen die Skates gleichermaßen als Sportgerät und vollwertige Alternative beispielsweise zum Radfahren und Laufen. Inline-Skating ermöglicht sowohl Abwechslung beim körperlichen Training als auch Spaß auf zahlreichen Routen – ein aktives Freizeiterlebnis für Jung und Alt.

Während die Fitness-Skater betont Wert auf den sportiven Charakter legen, sind die Recreation-Skater an der ruhigen »Gangart« der rollenden Fortbewegung interessiert. Was zählt, ist das »Spazierengehen auf Rollen«, das leichte Vorankommen mit minimalem Aufwand, das langsame Gleiten ohne unnötigen Schweißfluss. Der moderne Genießer auf Inline-Skates findet sich hier genauso wieder wie die ganze Familie: bei einem Sonntagsspaziergang der etwas anderen Art.

Speed-Skating

Speed-Skating ist die Weiterführung des Fitness-Skatings in den Leistungs- und Hochleistungssport. Mit fünf Rollen pro Schuh werden Strecken von 300 Meter bis zum Marathon über 42,195 Kilometer zurückgelegt. In den unterschiedlichsten Rennformen auf Straße und Bahn sind Aerodynamik, Technik, Ausdauer und Kraft genauso gefragt wie Taktik, Teamwork, Konzentration und Reaktionsvermögen.
Spitzengeschwindigkeiten von knapp 60 Stundenkilometern in der Ebene machen Speed-Skater zu den Formel-1-Piloten des Inline-Skatings.
Bei Welt- und Europameisterschaften auf Bahn und Straße traf sich die Weltelite lange Zeit zu spannenden und spektakulären Wettkämpfen, die leider oftmals nahezu unter Ausschluss der Öffentlichkeit stattfanden. Durch den Boom im Fitness- und Recreation-Skating der letzten Jahre erhielt auch das Speed-Skating ein erhöhtes Maß an Aufmerksamkeit.
Namhafte Lauf-Marathonveranstaltungen erhalten mittlerweile Konkurrenz durch die eigens initiierten Inline-Rennen (in Berlin etwa waren es 1999 4000 Inline-Skater). Cup-Serien auf regionaler und nationaler Ebene mit Punktewertungen sorgen für ein breites Angebot an Straßenrennen. Selbst Spitzenfahrer aus dem In- und Ausland sehen Serien wie den Swiss Inline-Cup oder den neu geschaffenen World Grand Prix 2000 mittlerweile als echte Herausforderungen und Höhepunkte in ihrer Wettkampfsaison an. Dabei ähnelt der Wettkampfverlauf immer mehr dem des Straßenradsports, wo verschiedene Teams um Plätze und Preisgelder taktieren und sprinten.
Auch das Training der Speed-Skater gleicht sich anderen Profi-Sportarten an: Leistungsdiagnostische Maßnahmen gehören genauso zum Trainingsalltag wie Trainingslager und eine genau getimte Wettkampfplanung.
Mit dem Antrag auf Aufnahme in das IOC ist der nächste Schritt in Richtung olympische Disziplin bereits erfolgt.

Aggressive-Skating – Vert and Street

Aggressive-Skating ist die Hauptdisziplin der meist jugendlichen Skater, die Tricks und Stunts, Sprünge und Grinds zur Perfektion treiben. Vert ist die wohl spektakulärste Disziplin, die ausschließlich in eigens dafür gebau-

Street-Skating

Vert-Skating

ten Halfpipes stattfindet. Mit atemberaubenden Sprüngen und faszinierender Luftakrobatik gespickt, ist diese Schattierung des Inline-Skatings Lebensgefühl zugleich. Weite Hosen, coole Shirts und spezielle Skates verleihen den Aktiven ein Zusammengehörigkeitsgefühl.
Das Gleiche gilt für das Street-Skating. Dabei werden allerlei künstliche und natürliche Hindernisse auf Straßen, Plätzen oder speziellen Anlagen befahren. Diese beliebteste Disziplin jugendlicher Skater kennt keine Hindernisse, sondern nur Sprung- und Stunthilfen. Rampen, Treppengeländer und Mauerkanten müssen herhalten für das Grinden und die Rotationssprünge der Street-Skater.

Inline-Hockey

Als Sommerversion des Eishockeys macht das Inline-Hockey aus der Individualsportart Inline-Skating einen attraktiven Mannschaftssport. Mit ähnlichen Regeln und vergleichbarer Spielweise wie der große Bruder auf dem Eis lockt es durch rasantes Spiel, Taktik und körperliche Action die Menschen in Hallen und auf entsprechende Hockeyfelder. Mit der Deutschen Inline-Hockey-Liga (DIHL) besteht sogar schon eine Organisation, die einen deutschlandweiten Vergleich der Teams ermöglicht. Vier plus ein Spieler pro Team jagen mit ihren Schlägern auf dem Parkett dem speziellen Ball nach.

Inline-Carving

Downhill

Lederkombi, Integralhelm, Panzerband: Das klingt nicht unbedingt nach Inline-Skating. Dennoch handelt es sich hier um eine Disziplin, bei der die Inline-Skater mit über 100 Stundenkilometern auf gesperrten Passstraßen und Bobbahnen zu Tal sausen. Extra spurstabile Skates sowie eine extrem aerodynamische Haltung gehören genauso zum Downhillfahren wie die Risikobereitschaft für einen Sturz auf den harten Asphalt. In dieser Sparte des Inline-Sports tummeln sich hartgesottene Skater genauso wie Geschwindigkeitsfanatiker.

Downhill-Skating

Inline-Carving

Eine völlig neue Dimenson für alle alpinen Wintersportler ist das Inline-Carving. Skifahrer, Snowboarder und schwungbegeisterte Inline-Skater zieht es auf verkehrsfreie Bergabstrecken, die ihnen beim unbeschwerten Schwingen und Carven freie Fahrt gewährleisten. Inline-Carving – das ist Kanteneinsatz auf der schwarzen Piste im Stil des alpinen Skisports, ausgeübt mit ganz normalen Inline-Skates. Kurze und lange Schwünge reihen sich aneinander und vermitteln das ultimative Gefühl von Geschwindigkeit, Körperkontrolle und Outdoor-Erlebnis.
Die richtige Technik gewährleistet, dass über den Druck der Rollen die Geschwindigkeit gesteuert werden kann. Kontrolliertes Bremsen, Ausweichen und Anhalten ist dadurch jederzeit und überall möglich. Von einfachen bis hin zu extremen Abfahrten bietet Inline-Carving Spaß für jeden und stellt für Einsteiger wie auch für Profis eine echte Herausforderung dar.

Inline-Aerobic

Der allerneueste Trend im Inline-Skating ist die Kombination aus Musik, Rhythmus, Fitness und Bewegungsgefühl: Inline-Aerobic.
Es beansprucht die wichtigsten Muskelgruppen, stärkt Herz und Kreislauf und schult den Gleichgewichtsinn im abwechslungsreichen Gruppentraining. Diese Art der Bewegung wird in einigen Fitnesscentern in Kursform angeboten.

Offroad

Schluss mit zur Seite hechtenden Fußgängern, klingelnden Radfahrern und quer stehenden Autos. Die neue Inline-Generation setzt sich ins Gelände ab und fährt auf Wiesen, Wald- und Forstwegen. Dank der weiterentwickelten Technik in Form von speziellen Inline-Skates sind Hindernisse wie Schlaglöcher und Schotterpisten nur noch eine sportliche Herausforderung.
Möglich machen das die im Durchmesser 110–155 Millimeter großen, luftgefüllten Gummirollen der Offroad-Skates. Zum Vergleich: Normale Rollen haben einen Durchmesser von höchstens 80 Millimetern, sind aus Polyurethan und verfügen über ein spitzeres Profil. Dadurch sind sie zwar schneller, doch das geht auf Kosten der Bodenhaftung, der Standfestigkeit und der Stoßdämpfung, und die braucht man im Gelände.
Der Offroad-Skater bremst fast nur mittels Parallelschwung, der, ähnlich wie beim Skifahren, die Geschwindigkeit durch Querstellen der Skates zur Fahrtrichtung verringert.

Offroad-Skating

Auf die Ausrüstung kommt es an: der richtige Skate

Ihr Vorhaben namens Fitness-Skating sollte Sie früher oder später in ein Sportgeschäft führen, um sich dort fachlich kompetent bei der Auswahl der für Sie passenden Ausrüstung beraten zu lassen. Sie werden schnell feststellen, dass Sie die Qual der Wahl haben, denn es erwartet Sie eine Vielzahl von Skates, Protektoren und anderem Equipment.
Nehmen Sie sich ein wenig Zeit und schieben Sie die gut gemeinten Tipps von Freunden und Bekannten zunächst einmal zur Seite, denn es gilt, den für Sie passenden Skate für Ihren ganz individuellen Fuß zu finden. Ähnlich wie bei einem Laufschuh ist auch bei einem Inline-Skate die Passform entscheidend. Das heißt, dass das Wohlbefinden bzw. der Sitz des Schuhs während der Anprobe im Shop der Hauptentscheidungsfaktor ist. Erst danach sollten Sie weitere Details wie Rollen, Lager und Schiene begutachten und möglicherweise später austauschen.

Der Schuh

Drei verschiedene Arten von Skates werden bisweilen auf dem Fitnessmarkt angeboten: Soft-, Hybrid- und

Softboot

Hardboot-Skates. Verschaffen Sie sich selbst einen Überblick über die Vor- und Nachteile der drei verschiedenen Skate-Varianten:

Softboots

+ außerordentlich bequem
+ leicht anzuziehen
+ oft in modisch schicken Farbkombinationen
– häufig fehlende Stützfunktion im Knöchelbereich
– kein extra Innenschuh
– schlechtes bis gar kein Belüftungssystem

Hybridboots

+ sehr komfortabel, Wohlfühlempfinden ist garantiert

Hybridboot

Hardboot
+ durch Kombination von Schnürung und Schnalle beste Passform
+ ausreichende Bewegungsfreiheit durch Gelenk am Schaft
+ gute seitliche Stützfunktion durch stabilen Schaft
+ sehr gutes Belüftungssystem
– kein extra Innenschuh

Hardboots

+ guter Halt aufgrund der Schale
+ durch Schnallensystem leicht und schnell anzuziehen
+ gutes Belüftungssystem
+ herausnehmbarer Innenschuh

– klobig und schwer
– durch Schnallenlösung keine individuelle Anpassung möglich, dadurch oft mäßige Passform
– Druckstellengefahr durch hartes Außenmaterial

Tipp: Skate-Kauf

- Probieren Sie möglichst viele Skates an. Vertrauen Sie Ihrem Gefühl. Tragen Sie, wenn möglich, die Skates länger am Fuß, um eventuelle Druckstellen aufzuspüren. Sie müssen sich in Ihrem Skate wohl fühlen! Er sollte Ihren Fuß so aufnehmen, dass Sie sich nicht eingeengt oder unsicher damit vorkommen.
- Modische und farbliche Komponenten sollten nach Möglichkeit den Kauf nicht entscheidend beeinflussen, wichtiger ist die Passform.
- Gehen Sie erst am Nachmittag zum Skate-Kauf. Die Füße dehnen sich über den Tag aus. Schuhe, die Sie am Vormittag anprobieren, könnten am Nachmittag schon wieder zu klein sein.
- Probieren Sie die Skates nicht mit zu dicken Socken. Dünne, spezielle Inline-Socken sind relativ rutschfest und an den richtigen Stellen gepolstert. Sie vermeiden damit Scheuer- und Druckstellen.
- Der Fuß sollte generell fest im Schuh sitzen; Spiel im Fersenbereich sorgt für Blasen. Ein Rundumkontakt im Schuh von Ferse, Spann und Zehen ohne unangenehme Druckstellen garantiert eine optimale Passform und Kraftübertragung.
- Die Schnürung sollte den restlichen Halt liefern; ein Hinundherrutschen im Schuh darf nicht mehr möglich sein.
- Prüfen Sie die Stabilität im Knöchelbereich: Gibt der Schuh Ihnen keinen Halt, wird er Ihnen bei einer längeren Tour auch keine Freude bereiten.

Die Unterschiede bei Fitness-Skates reichen von einem verstärkten Oberschuh zur besseren Stütze und Führung für Einsteiger über mehr Bewegungsfreiheit durch einen leichten Oberschuh und eine verlängerte Schiene bis hin zu einer extra langen Schiene und niedrigerem Schaft beim Wettkampf-Skate.

Fitness-Modell für Einsteiger

Links: Individuell angepasster Speed-Schuh für Profis

Rechts: Professionelles Fitness-Modell

Wettkampf- und Speed-Modell

Die Schiene

Bei der Schiene kommt es in erster Linie auf die Verarbeitung an. Hier walten die Kräfte, die für den Vortrieb sorgen. Zwei verschiedene Materialien bestimmen den Markt: Aluminiumlegierungen und Kunststoffgemische, wobei Letztere eher bei den preisgünstigeren Skates verarbeitet werden. Im Wettkampfbereich werden extra lange Schienen aus hochwertigen Materialien (326 Millimeter, meist Aluminium) verwendet.
Die Schiene ist neben der richtigen Passform das Wichtigste an einem Skate. Die ganze Energie, die Sie über Ihren Fuß auf die Straße bringen, sollte im Idealfall direkt vom Schuh über die Schiene auf die Kugellager und die Rollen übertragen werden. Häufig sind Schienen so weich, dass bereits an dieser Stelle viel Energie durch Deformation derselben verloren geht.
Darüber hinaus ist zwischen abnehmbaren und fest montierten Schienen zu unterscheiden. Abnehmbare Schienen haben den Vorteil, dass Sie Ihre individuell optimale Schienenposition ermitteln und einstellen können.

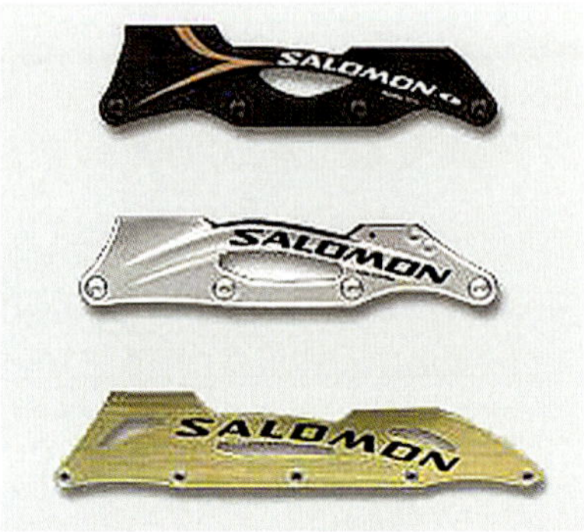

Verschiedene Schienen für unterschiedliche Anwendungsbereiche: Recreation, Fitness und Speed (von oben nach unten)

Tipp: Schienenposition

Die Position der Schiene ermitteln Sie, indem Sie sich aufrecht in den geöffneten Skate stellen. Versuchen Sie dabei, zentral und mittig auf Ihrem Skate zu stehen. Sollte dies nicht möglich sein, können Sie die Schiene bei einigen Skate-Modellen entsprechend ausrichten. Generell bleibt die Schiene an der Ferse mittig und kann je nach Abknicken im Sprunggelenk nach innen oder außen gestellt werden. Knicken Sie nach innen, stellen Sie die Schiene im Vorfußbereich nach innen, knicken Sie nach außen, stellen Sie die Schiene entsprechend nach außen. Nur durch Probieren werden Sie Ihre persönliche Position herausfinden können.
Vordere und hintere Rolle sollten gleich weit über die Spitze und Ferse des Schuhs hinausstehen, so dass der Schuh auch in Längsrichtung zentral auf der Schiene montiert ist.

Ihr persönlicher Schienentest könnte wie folgt aussehen:

- Prüfen Sie die Verwindungssteifigkeit der Schiene. Lässt sich die Schiene durch entgegengesetztes Verdrehen der vordersten und hintersten Rollen verwinden, so bietet sie nicht genügend Führungsstabilität. Stellen Sie sicher, dass alle Achsschrauben fest angezogen sind, da auch diese als Querverstrebungen für Halt sorgen.
- Für eine seitliche Verwindungssteifigkeit sorgt zusätzlich ein 3-D-Profil in der Schienenkonstruktion. Sollte dieses nicht vorhanden sein, sind weitere Verstrebungen zwischen den beiden Schienenwänden notwendig.
- Darüber hinaus gibt es auch Schienen, die Sie verstellen können. Dies ist leider nicht bei allen Skate-Modellen möglich.

Die Kugellager

Für die Laufeigenschaft eines guten Inline-Skates übernehmen neben den Rollen die Kugellager eine wesentliche Aufgabe. Ob ein Skate gut oder schlecht rollt, wird entscheidend durch die Kugellager mitbestimmt. Die Kugellager verfügen über ein Standardmaß: Außendurchmesser 22 Millimeter, Innendurchmesser und Lagerbreite je 8 Millimeter. Der Lagernummernschlüssel, nachdem alle Lager sortiert sind, ist 608.
Kugellager ist nicht gleich Kugellager; sie werden in verschiedenen Qualitätsstufen angeboten: ABEC 1,

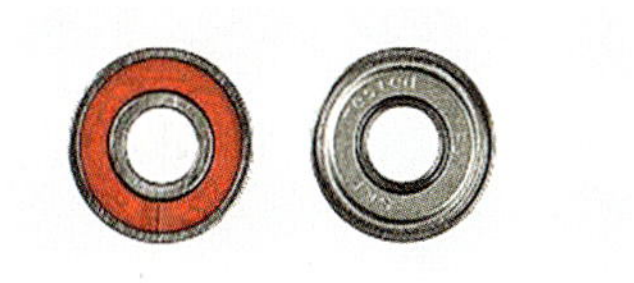

3, 5, 7 und 9. ABEC steht für Annular Bearing Engineering Commitee – eine amerikanische Qualitätsnorm. Der Wert beschreibt die Verarbeitungsgenauigkeit eines Lagers, gibt jedoch nicht die Qualität des Materials wieder, wie fälschlicherweise häufig vermutet wird. Ein Lager mit ABEC 5 ist nicht unbedingt besser als ein Lager mit ABEC 3. Entscheidend ist vielmehr die Herstellung und Verarbeitung des verwendeten Materials. Qualitativ hochwertiger gehärteter Stahl und eine entsprechende Herstellungsgüte bürgen für gute Qualität und Haltbarkeit.

Kugellager

Die Bezeichnungen ZZ, Z oder RS stehen für den Lagerschutz. ZZ bedeutet, dass das Lager auf beiden Seiten mit einer Metallscheibe abgedichtet ist, Z steht für eine einseitige Abdichtung und RS für die beidseitige Abdichtung mit Kunstoffscheiben, die das Eindringen von Schmutz und Wasser verhindern.

Tipp: Lagerpflege

Unter Fitness-Skatern wird häufig läuferisches Können an der Qualität der Lager gemessen. Sicherlich ist ein gutes Lager wichtig, damit Sie energiesparend ans Ziel gelangen, doch entscheiden letztendlich Ihre Kondition und Technik über Ihr Fortkommen.

Sind die Lager nach einer Ausfahrt verschmutzt, können Sie diese in den meisten Fällen reinigen. Dazu öffnen Sie die Lager und spülen sie mit einem Geschirrspülmittel, Waschbenzin oder einem fettlöslichen Mittel aus. Anschließend trocknen Sie sie mit dem Fön oder indem Sie sie auf die Heizung legen. Mit speziellem Leichtlauföl (Speed-Öl) werden zum Schluss beide Lagerlaufflächen benetzt, um ein fast widerstandsloses Dahingleiten zu ermöglichen.

Achsen und Spacer

Achsen und Spacer dienen zur Stabilisierung der Schiene. Die Spacer sind einfache Distanzhalter, welche zwischen den beiden Lagern sitzen. Gute Spacer sind sehr leicht und dennoch robust (Aluminium). Sind sie jedoch nicht genau gefertigt, hilft auch das beste Lager nichts.

Die Achsen sollten ebenfalls genau gefertigt sein, um möglichst wenig Energie über vorhandenes Spiel zwischen Achse und Lager zu verlieren. Wie aus der Abbildung zu ersehen ist, gibt es Achsen mit einem Exenter,

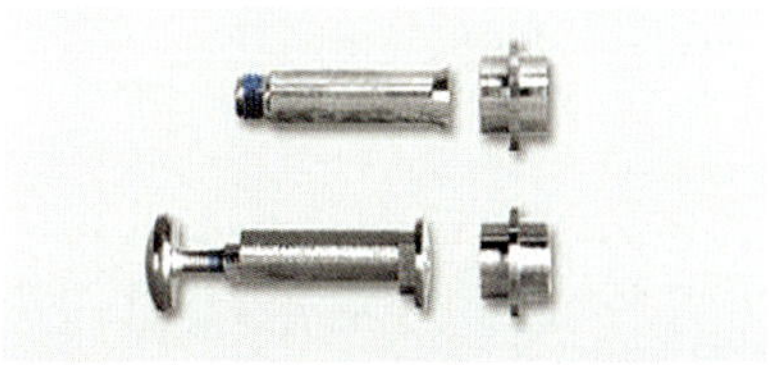

Achsen mit Spacern

mit dem die Rolle einfach in ihrer Position verändert werden kann (Rockering), und normale Achsen, die überwiegend bei Fünfrollenschienen Anwendung finden.

Die Rollen

Aufgrund der Vielzahl an Rollenherstellern fällt es nicht leicht, die richtige Rolle für den vorgesehenen Einsatzzweck zu finden.

Fitness- und Speed-Rollen

Inline-Skate-Rollen bestehen grundsätzlich aus Polyurethan (PU), einer Kunststoffmischung, deren Abrollverhalten, Haftung und Dämpfungseigenschaften entscheidenden Einfluss haben. Der Rollenmantel (PU-Schicht) sitzt unmittelbar auf der Felge, die in ihrer Radmitte die Kugellager aufnimmt. Je größer die Felge in ihrem Durchmesser, desto geringer das Gewicht pro Rolle.
Die Durchmesser der einzelnen Rollen variieren zwischen 40 und 80 Millimeter; beim Fitness-Skating sind aber nur Rollendurchmesser von 76–80 mm Standard. Je größer die Rolle, desto höhere Geschwindigkeiten können Sie erreichen.

Tipp: Rollenwechsel

Damit Sie länger auf Ihren Rollen skaten können, empfiehlt es sich, diese regelmäßig zu wechseln bzw. untereinander auszutauschen. Tauschen Sie die Rollen untereinander aus, indem Sie die erste und letzte Rolle gegen die beiden inneren Rollen auswechseln. Verdrehen Sie diese beim Tauschvorgang, damit die abgelaufenen Seiten nach außen zeigen und Sie wieder auf der »frischen« Seite skaten können.
Zur Kontrolle blicken Sie in der Flucht über die Rollen: Sollten diese nicht gleichmäßig abgefahren sein (z. B. durch häufiges Bremsen mit einem Skate), so wechseln Sie die Rollen auch zwischen dem linken und rechten Skate aus.

Die Härte einer Rolle wird in Durometer (A) gemessen (74 A = sehr weich, 100 A = sehr hart). Je härter eine Rolle, desto geringer sind Rollwiderstand und Bodenhaftung. Im Fitness-Skating werden vorwiegend 78–84-A-Rollen verwendet. Fitness- und Speed-Skater machen die Wahl der Rollenhärte im Rennen auch vom Untergrund und der Witterung abhängig. Bei regennassem Untergrund empfiehlt es sich, weichere Rollen zu montieren, um den Grip zu erhöhen. Das Profil der Rolle sollte im Fitness-Skating möglichst spitz zulaufen, um den Rollwiderstand gering zu halten.

Hand-, Ellbogen- und Knieschoner (von oben nach unten)

Schutzausrüstung

Damit das Fitness-Skating für Sie zum ungetrübten Genuss wird, benötigen Sie die richtige Schutzausrüstung. Leider wird diese viel zu oft aus Gründen falscher Eitelkeit oder Bequemlichkeit zu Hause gelassen – in jedem Fall eine schlechte Entscheidung. Auch wenn jeder für seine Gesundheit und sein Wohlbefinden selbst verantwortlich ist, eines ist sicher: Wer ohne Helm und Handgelenkschoner fährt, riskiert mehr als nur ein paar Kratzer.
Zur vollständigen Schutzausrüstung gehören zusätzlich Knie- und Ellbogenschoner, die bei einem möglichen Sturz vor Gelenkverletzungen und Hautabschürfungen bewahren.

Helm

In den USA bereits zum alltäglichen Straßenbild gehörend, muss man in Deutschland eher danach suchen! Nur langsam hält der Helm Einzug bei den Fitnesssportlern, die sich mit höherer Geschwindigkeit auf Inline-Skates fortbewegen. Für einen verantwortungsbewussten Skater ist der Helm ein Muss.
Achten Sie beim Kauf auf das TÜV-Symbol, eine gute Passform, eine ausreichende Belüftung bei geringem Gewicht und eine ordentliche Verarbeitung – denn nur ein gut verarbeiteter Helm schützt bei einem Unfall.

Sonnenbrille

Insekten und in der Luft enthaltene Staub- und Schmutzpartikel stellen für Skater Gefahren dar, da eine Verletzung des Auges oder auch nur eine Trübung der Sehfähigkeit sehr schnell zum Sturz und damit zu Verletzungen führen kann. Tragen Sie deshalb immer eine Sonnenbrille – auch bei niedrigen Geschwindigkeiten und wenig Sonne.

Bekleidung

Kennen Sie das? Sie haben die erste Runde um den See hinter sich und legen eine Entspannungspause ein. Das feuchte Baumwoll-T-Shirt klebt am Rücken, und Sie beginnen durch den abkühlenden Schweiß zu frieren. Das ist dann ein deutliches Zeichen dafür,

dass Sie sich nach einer adäquaten Sportfunktionsbekleidung umsehen sollten.
Geeignet sind Stoffe, die so beschaffen sind, dass der Schweiß vom Körper wegtransportiert wird. Ihre Haut bleibt annähernd trocken, und der Wind wird durch die feine Webart außen vor gehalten. Häufig fällt die Wahl auf Radtrikots oder -hosen.
Eine leichte Windjacke sollte bei jedem längeren Ausflug mit dabei sein, um gegen wechselnde Witterungsbedingungen gefeit zu sein. Durch die relativ hohe Geschwindigkeit und den erzeugten Fahrtwind kühlen Sie sonst sehr leicht aus.

Weiteres Equipment

Planen Sie eine längere Tour, dann gehört folgende Ausrüstung zum »Handgepäck«, das im Rucksack oder Tragegürtel transportiert wird:

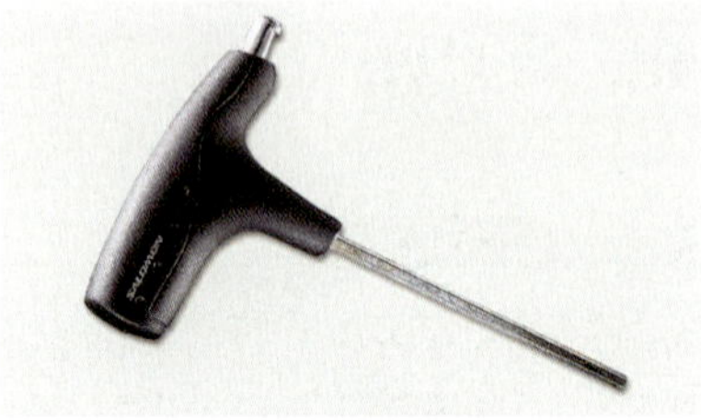

Multifunktionsschlüssel

- Verpflegung (Getränke, z. B. Wasser, Apfelschorle oder glukosehaltige Sportgetränke, sowie Banane oder Energieriegel)
- Pflaster
- Sonnencreme
- Werkzeug (Inbusschlüssel oder Inline-Werkzeug), Ersatzlager, -rolle und -achse

Zur Vermeidung unliebsamer Zwischenfälle in Form von plötzlich abfallenden Schrauben sollten Sie in jedem Fall vor Fahrtantritt alle Schrauben Ihrer Skates kontrollieren und gegebenenfalls nachziehen!

Wo skaten?

Rechtliche Situation

Die Rechte und Pflichten eines Inline-Skaters entsprechen jenen eines Fußgängers. Laut der allgemeinen Straßenverkehrsordnung (§ 24 StVO) gelten die Inline-Skates nach wie vor als »andere Fortbewegungsmittel« oder »Spielgeräte« und dürfen deshalb nicht auf öffentlichen Straßen benutzt werden. Das Skaten ist rechtlich gesehen nur auf Gehwegen, in Fußgängerzonen sowie in verkehrsberuhigten Zonen mit einer zugelassenen Geschwindigkeit von maximal 7 Stundenkilometern erlaubt. Diese Flächen sind jedoch begrenzt und verhältnismäßig stark frequentiert, sodass Fitness-Skaten dort unmöglich ist. Parkplätze großer Supermärkte hingegen bieten zum Wochenende eine hervorragende Trainingsstätte für Technikübungen, jedoch ist auch hier das Platzangebot für längere Ausfahrten zu klein. Zusätzlich wird das Skaten dort von vielen Besitzern ungern gesehen.

Das Benutzen von Radwegen ist ebenfalls verboten, und das wird sich wohl in naher Zukunft nicht ändern. Dennoch laufen Modellversuche, bei denen die Verträglichkeit zwischen Radfahrern bzw. anderen Verkehrsteilnehmern und Inline-Skatern getestet wird (z. B. Stadt Frankfurt). Auswertungen dieser Versuche sollen Aufschluss darüber geben, inwieweit und in welcher Form Inline-Skater in den Straßenverkehr integriert werden können. Aufgrund der gegenwärtigen Situation sind Sie als Fitness-Skater insbesondere in Sachen Rücksicht und Umsicht anderen Verkehrsteilnehmern gegenüber gefordert.

Bei einer Anzahl von über 12 Millionen aktiven Inline-Skatern in Deutschland kann nicht mehr von einem Boom in einer Trendsportart die Rede sein, sondern von einer sich immer weiter ausbreitenden Breitensportart und einem verkehrsrechtlichen Problem, das auch von Seiten der Politik einer Lösung bedarf!

Kleine, kaum befahrene Straßen bieten sich als Skating-Terrain an

Wenn man sich die ganzen Ge- und Verbote anschaut, möchte man als verantwortungsbewusster Fitness-Skater beinahe resignieren. Doch der Blick auf die Freizeitanlagen von Seen oder Promenaden zeigt, dass dort die Inline-Skater in Scharen anzutreffen sind. Außerdem dulden die Behörden im Regelfall das Skaten auf Rad-, Wald-, Feld- und Flurwegen, die mittlerweile zum festen Streckennetz eines jeden Fitness- oder Touren-Skaters gehören. Sie bewegen sich dort zwar in einer gesetzlichen Grauzone, können jedoch bei einem angepassten, rücksichtsvollen und aufmerksamen Verhalten unbehelligt ihrem Sport nachgehen.

Die richtige Streckenwahl

Die Frage ist: Wo findet man Strecken und Routen, die nicht nur das Training ermöglichen, sondern es auch noch interessant und abwechslungsreich gestalten?
Sicherlich können Sie auf eigene Faust zu Fuß oder mit dem Fahrrad Ihre Umgebung erkunden oder sich an Radwanderkarten orientieren. Dies ist und bleibt der erste Schritt zur »Erschließung« Inline-tauglicher Strecken. Dennoch kann sich das selbstständige Suchen sehr schwierig und zeitraubend gestalten und muss

Mit der richtigen Streckenwahl wird Ihr Fitnesstraining zum Erlebnis

nicht immer zum Ziel führen. Erfreulicherweise gibt es mittlerweile von den meisten Bundesländern, Ballungszentren und Großstädten Inline-Guides mit jeweils 15 ausgewählten Routen pro Ausgabe. Auch in Ihrer Nähe dürfte eine passende Strecke dabei sein.

12 Gebote für Inline-Skater

Aufgrund der derzeitigen Gesetzeslage sollten Inline-Skater eine eher defensive Fahrweise wählen. Nicht selten passieren Zusammenstöße zwischen Fußgängern und Inline-Skatern aufgrund von Unachtsamkeit. Die unterschiedlichen Geschwindigkeiten dieser beiden Verkehrsteilnehmer erfordern ein hohes Maß an Rücksicht und Vorsicht.

Folgende 12 Gebote sollten Sie als Fitness-Skater beherzigen:

1. Tragen Sie immer die vollständige Schutzausrüstung (Helm, Hand-, Knie- und Ellbogenschoner, am besten auch noch Brille und Klingel oder Trillerpfeife).
2. Lernen Sie, schnell, sicher und rechtzeitig zu bremsen.
3. Verlieren Sie nie die Aufmerksamkeit. Beobachten Sie Ihre Umgebung immer konzentriert und seien Sie anderen gegenüber achtsam und zuvorkommend.
4. Skaten Sie vorausschauend und riskieren Sie niemals, die Kontrolle zu verlieren.
5. Wo auch immer Sie unterwegs sind: Fahren Sie stets auf der rechten Seite.
6. Überholen Sie Fußgänger, Radfahrer und andere Skater auf der linken Seite. Machen Sie rechtzeitig durch Klingeln oder Rufen auf sich aufmerksam.
7. Meiden Sie Plätze, Flächen oder Strecken mit starkem Fußgänger- und Radverkehr.
8. Lassen Sie im Zweifelsfall Fußgängern und Radfahrern den Vorrang.
9. Fahren Sie nicht auf öffentlichen Straßen.
10. Reduzieren Sie beim Skaten auf dem Bürgersteig die Geschwindigkeit und seien Sie stets bremsbereit.
11. Meiden Sie aus Sicherheitsgründen nasse, ölige, sandige und staubige Wege sowie Unebenheiten und Schotter.
12. Die wichtigste Regel von allen: Seien Sie stets anderen ein Vorbild.

Das kleine Einmaleins der Sportmedizin

Für ein effektives Training zur Steigerung der körperlichen Fitness durch Inline-Skating ist neben einer guten Bewegungstechnik auch ein sportmedizinischer Einblick in die wesentlichen Prozesse Ihres Körpers günstig. Wenn Sie wissen, wie Ihr Körper unter Belastung funktioniert, können Sie ihn so beeinflussen, dass eine positive Anpassung im Sinne einer gesteigerten Leistungsfähigkeit stattfindet. Es soll deshalb verdeutlicht werden, wie der Körper Energie bereitstellt und umsetzt, auf veränderte Belastungssituationen reagiert und wie die Muskulatur dabei arbeitet.

Energiegewinnung und Stoffwechsel beim Fitness-Skating

Beim Inline-Skating wird vom Körper eine Menge Energie benötigt und umgesetzt. Diese wird hauptsächlich aus den drei großen Nährstoffgruppen, den Fetten, Kohlenhydraten und Eiweißen gewonnen. Fette stehen in Form von freien Fettsäuren (FFS) oder als Speicherfett im Bereich des Unterhautgewebes zur Verfügung, während Kohlenhydrate die »Treibstoffe« Blutglukose bzw. Speicherglykogen zur Einlagerung in Muskelzellen und Leber liefern. Eiweiße dienen hauptsächlich dem Strukturaufbau und der Erhaltung der körpereigenen Zellen und liegen nur in ganz geringen Mengen als freie Aminosäuren im Blut vor.

Eines ist allen drei genannten Nährstoffen gemeinsam: Sie liefern Energie nicht direkt, sondern dienen der Herstellung des eigentlichen Energieträgers. Dieser Stoff, Adenosintriphosphat (kurz ATP), ist unter anderem dafür verantwortlich, dass die Muskulatur arbeiten kann. ATP liefert Energie durch seine Zerlegung und muss anschließend wieder aus Einzelbausteinen zusammengesetzt werden. Wie und aus welchen Nährstoffen dieser universelle Energieträger im Laufe einer sportlichen Betätigung wieder hergestellt wird, hängt im Wesentlichen von drei Dingen ab:

1. von der Dauer der Belastung
2. von der Intensität der Belastung
3. vom Trainingszustand

Man unterscheidet in diesem Zusammenhang drei Wege der Energiebereitstellung, die in der Grafik auf S. 33 oben dargestellt sind.

Machen Sie einen ganz kurzen maximalen Sprint mit Skates über wenige Meter oder einen maximalen Sprung über ein Hindernis, so wird die Energie aus dem schon in der Muskulatur vorhandenen ATP bzw. einem verwandten Stoff, dem Kreatinphosphat (KP), verwendet. Für diese Art der

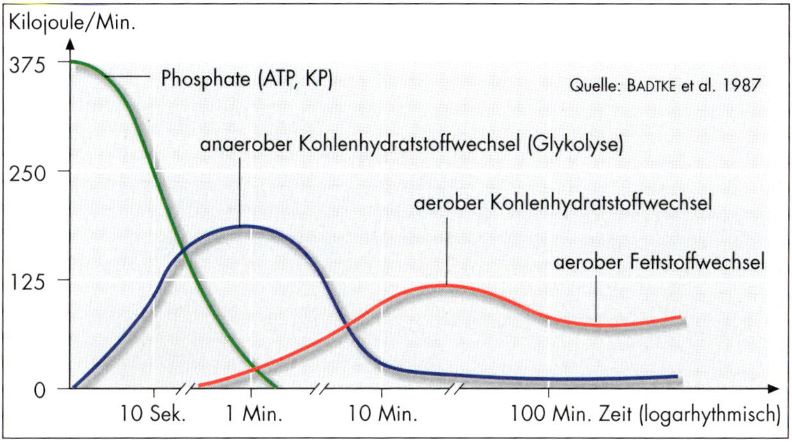

Energiebereitstellung beim Fitness-Skaten

Muskelarbeit benötigt man keinen Sauerstoff, und es wird auch kein »Stoffwechselabfall« in den Muskeln zurückgelassen. Diese Form der Energiegewinnung geht sehr schnell, funktioniert jedoch nur über einen Zeitraum von wenigen Sekunden.

Wird eine ähnlich hohe Belastung über einen längeren Zeitraum aufrechterhalten, das heißt, Sie skaten beispielsweise über einige Kilometer sehr schnell, so wird die benötigte Energie hauptsächlich aus Blutglukose bzw. Muskel- und Leberglykogen gewonnen. Dieser »Treibstoff« genügt für etwa 60–90 Minuten intensiver Belastung (ca. 1200–2000 Kilokalorien). Da viel Energie in sehr kurzer Zeit benötigt wird und eine Energiegewinnung unter Sauerstoffeinsatz vergleichsweise länger dauert, geschieht dies ohne Sauerstoff (anaerob). Als »Stoffwechselabfall« bleibt das Zwischenprodukt Laktat zurück, das sich in der Muskulatur bzw. im Blut anreichert und nur langsam abtransportiert wird. Dieses Zwischenprodukt charakterisiert die Stoffwechsellage und zeigt an, welcher »Treibstoff« zur Energiegewinnung herangezogen wird. Laktatwerte in Ruhe liegen im Regelfall zwischen 0,5 und 2 Millimol/Liter und können während einer Belastung weit über 10 Millimol/Liter ansteigen.

Der dritte Weg, um Energie zu gewinnen, ist der langsamste, aber auch der für Langzeitbelastungen effektivste, nämlich der unter ausschließlichem Einsatz von Sauerstoff (aerob). Dabei werden Kohlenhydrate und Fette vollständig abgebaut, sodass neben Wasser und Kohlendioxid kein »Stoffwechselabfall« in Form von Laktat zurückbleibt. Ihre Laktatwerte steigen dabei nicht über den Grenzwert von 2 Millimol/Liter an, der deshalb auch als aerobe Schwelle bezeichnet wird.

Dieser Stoffwechselweg kommt besonders zum Tragen, wenn Sie mit relativ niedriger Intensität über einen langen Zeitraum skaten. Die Grafik unten verdeutlicht die Abhängigkeit der Energiegewinnung von der Belastungsintensität.
Der Vorteil liegt darin, dass neben den nur begrenzt vorliegenden Kohlenhydraten der fast unerschöpfliche Vorrat der Fettdepots des Körpers (ca. 70 000 Kilokalorien) zur Energiegewinnung genutzt werden kann.
Die Übergänge zwischen den beschriebenen Energiebereitstellungswegen sind fließend und kaum voneinander zu trennen (siehe Grafik S. 33). Oft liegt eine Mischform in der Energiebereitstellung, ein Mischstoffwechsel, vor. Bei mittleren Belastungsintensitäten und Laktatwerten zwischen 2 und 4 Millimol/Liter wird sowohl auf aerobem als auch auf anaerobem Wege Energie gewonnen. Dabei bleibt Ihr Körper noch in der Lage, das angefallene Laktat so schnell zu verarbeiten, wie neues nachgebildet wird. Es stellt sich ein Gleichgewicht ein, sodass die Belastung auch längerfristig aufrechterhalten werden kann.
Jede Belastung, bei der mehr als 4 Millimol/Liter Laktat produziert werden, beansprucht Ihre Muskulatur so intensiv, dass ständig mehr Laktat gebildet wird, als Ihr Körper abbauen kann – der Kohlenhydratstoffwechsel überwiegt. Deshalb nennt man diese Grenze anaerobe Schwelle. Alle Belastungen darüber sind zeitlich begrenzt (siehe Grafik unten). Laktatwerte von über 10 Millimol/Liter sind kaum bzw. nur kurzfristig tolerierbar.
Die Energiebereitstellung ändert sich auch während einer gleichmäßigen

Der Zusammenhang von Intensität und Fettverbrennung

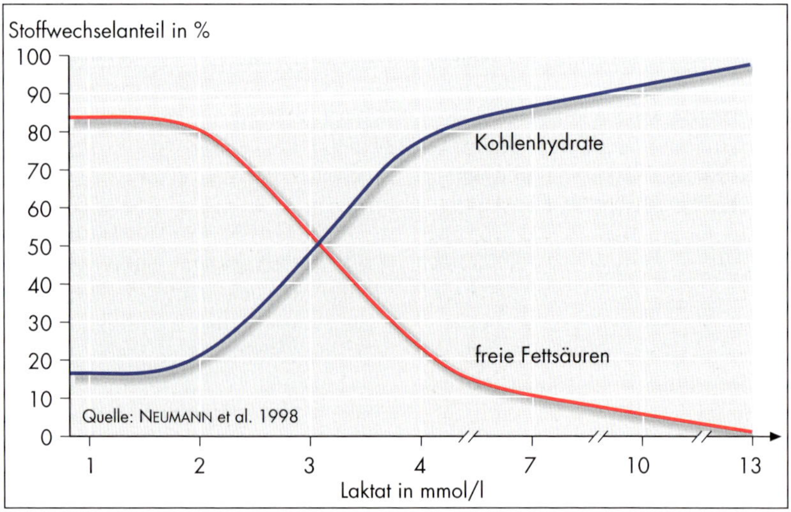

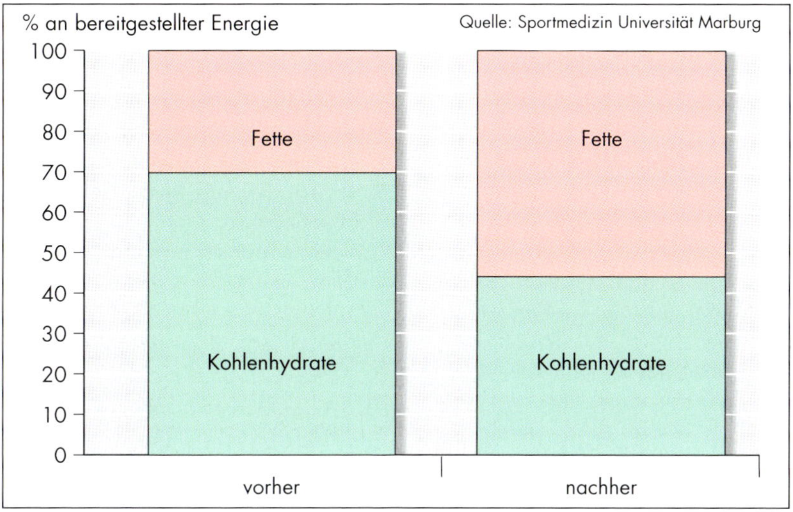

Der Einfluss von Ausdauertraining auf den Energiestoffwechsel

Belastung auf Skates. Zu Beginn wird automatisch ein Teil der Energie zunächst anaerob gewonnen, bis der aerobe Stoffwechsel »anspringt« und je nach Belastungsintensität einen Großteil der Energie bereitstellt (siehe Grafik S. 33). Sollten einmal die Glykogen- und Fettdepots aufgebraucht sein, so kann auch aus den Eiweißen Energie gewonnen werden. Dieser Vorgang sollte aber möglichst vermieden werden, da Eiweiße fast ausschließlich am Aufbau und der Erhaltung der Zellstruktur beteiligt sind. Deren Abbau hat entsprechend leistungsmindernde Konsequenzen.

Wichtig für alle Fitnesssportler ist zu wissen, dass die beschriebenen Stoffwechselwege durch Training günstig beeinflusst werden können. Nach regelmäßigem Ausdauertraining werden Sie bei gleicher Belastung geringere Laktatwerte erhalten, das heißt, Ihr Körper kann den geforderten Energiebedarf verstärkt unter Sauerstoffeinsatz decken. Dadurch werden mehr Fette verbrannt und die Kohlenhydratspeicher geschont (siehe Grafik oben). Sie haben dann zu jeder Zeit noch »Reserven« für einen Endspurt zur Verfügung und können zudem unliebsame Fettdepots schneller loswerden.

Außerdem trägt intensives Ausdauertraining dazu bei, dass sich Ihre Kohlenhydratspeicher in den Muskelzellen »vergrößern« können und Sie nach deren Wiederauffüllung mehr Energie zur Verfügung haben. Zusätzlich gewöhnt sich Ihr Körper an die Toleranz von Abfallprodukten wie Laktat und lernt, diese effektiver und schneller abzubauen. All das macht Sie schneller, fitter und leistungsfähiger.

Herzfrequenz – der körpereigene Drehzahlmesser

Die körperliche Fitness hängt wesentlich von einem funktionierenden Herz-Kreislauf-System ab. Das auf Bewegung angewiesene Herz-Kreislauf-System muss mobil, gesund und leistungsfähig gehalten werden. Das Herz nimmt in diesem Zusammenhang eine zentrale Rolle ein, da es gewährleisten muss, dass alle anderen Organe über die körpereigenen Blutbahnen mit dem lebensnotwendigen Sauerstoff versorgt werden. Das insgesamt ausgeschüttete Blutvolumen hängt dabei davon ab, wie viel Blut pro Herzschlag in den Blutkreislauf abgegeben wird (Schlagvolumen) und mit welcher Frequenz dieser Vorgang stattfindet (Herzfrequenz).
Die Herzfrequenz ist für jeden Sportler deshalb ein so interessanter Parameter, da sie einfach zu ermitteln und zudem sehr aussagekräftig ist. Wichtig sind für Sie als Fitnesssportler vor allem die Herzfrequenz in Ruhe und die maximale Herzfrequenz unter Belastung. Die Ruheherzfrequenz (RHf) charakterisiert grundsätzlich, wie viel Ihr Herz im Ruhezustand arbeitet, um den Grundbedarf Ihres Körpers an Sauerstoff zu decken. Zusätzlich können Sie durch regelmäßige Kontrolle feststellen, ob Sie sich in den letzten Trainingseinheiten zu viel zugemutet haben, ob beruflicher Stress Sie sehr beansprucht hat oder ob Sie einen aufkommenden Infekt in sich tragen.

All diese Punkte würden eine deutlich erhöhte RHf (> 10 Schläge pro Minute) verursachen und sollten Sie alarmieren.
Durch regelmäßiges Training können Sie Ihre RHf verringern und das Schlagvolumen erhöhen, wenn auch nicht unbegrenzt. Das heißt, Sie können durch Training erreichen, dass Ihr Herz weniger arbeiten muss.

> Bei einer Reduktion der durchschnittlichen Herzfrequenz um nur 5 Schläge pro Minute kann man das Herz im Jahr um rund 2,5 Millionen Schläge entlasten!

Die maximale Herzfrequenz (Hf_{max}) spiegelt wider, was Ihr Herz bei einer bestimmten Bewegung zu leisten vermag und mit welcher Qualität Sie Ihre Muskulatur dabei einsetzen können. Die Hf_{max} variiert sehr stark interindividuell und gibt die ganz persönliche »maximale Drehzahl« an. Auch kann sie sich in verschiedenen Ausdauersportarten stark unterscheiden, je nachdem, wieviel und welche Art Muskulatur Sie in der jeweiligen Disziplin einsetzen können. Ihre absolute Hf_{max}, unabhängig von der gewählten Sportart, ist nur geringfügig veränderbar.
In Disziplinen mit hoher koordinativer Anforderung wie dem Inline-Skating können Sie durch einen Test auf Inline-Skates (siehe folgendes Kapitel) anhand Ihrer Hf_{max} auch erfahren, ob Sie in der Lage sind, Ihr körperliches Potenzial auszuschöpfen.

Häufig verwendete Formeln wie 220 – Lebensalter = Hf_{max} suggerieren, dass Ihre maximale Schlagfrequenz mit dem Alter stark abnehmen muss. Das ist nicht unbedingt der Fall, sondern hängt wesentlich vom Grad der körperlichen Fitness und der Qualität der Muskulatur im Alter ab. Ein hohes Maß an körperlicher Fitness kann auch in Altersgruppen über sechzig Jahren für Hf_{max}-Werte sorgen, die deutlich über denen solcher Faustformeln liegen.

Ihre individuelle maximale Herzfrequenz sollten Sie wenn möglich immer durch einen spezifischen Test bestimmen und nicht anhand von allgemeinen Formeln. Voraussetzung hierfür ist, dass Sie kardiologisch vollkommen gesund sind.

Die Herzfrequenz ist für den Fitnesssportler die beste Kontrollgröße zur Steuerung der Belastung, weil sie objektiv die Beanspruchung des Herz-Kreislauf-Systems widerspiegelt. Natürlich spielt das individuelle Gefühl beim Training, das »Feeling« während der Einheit, auch eine Rolle. Dieses ist jedoch meist nur bei erfahrenen Sportlern so gut ausgeprägt, dass eine Belastungssteuerung daran möglich ist. Wichtig ist bei der Betrachtung von durchschnittlichen Herzfrequenzwerten, dass diese sich immer auf das persönliche Maximum (Hf_{max}) beziehen sollten. Allgemeine Pulswerte als Belastungsgrößen – z. B. 130 Schläge als niedrige Belastung – sind nicht immer sinnvoll. Für den einen kann dies eine recht hohe Belastung bedeuten (Hf_{max} = 150), für einen anderen eine sehr niedrige (Hf_{max} = 200). Wenn Sie die gemessenen Werte immer auf Ihren individuellen Maximalwert beziehen, erhalten Sie einen persönlichen »Drehzahlmesser«. Dieser zeigt Ihnen an, ob Sie sich während des Trainings im gewünschten, also im »grünen« Bereich aufhalten oder ob Sie schon überzogen haben und sich im »roten« Bereich befinden.
In jedem Fall ist die Herzfrequenz entscheidend für eine objektive Kontrolle der Herz-Kreislauf-Belastung und sollte deshalb bei jedem Fitnessbewussten eine selbstverständliche Kontrollgröße sein (siehe S. 39 ff.).

Muskeln – Eigenschaften und Arbeitsweisen

Alle Muskeln besitzen ausschließlich die Fähigkeit, Kraft zu erzeugen, indem sie sich zusammenziehen. Dies nennt man auch kontraktile Eigenschaft der Muskulatur. Die Kontraktion ermöglicht durch die Verbindung mit den Sehnen, die über Gelenke zum Knochen verlaufen, letztlich eine Bewegung. Um ein Gelenk in verschiedene Richtungen bewegen zu können, brauchen Sie immer mehr als einen Muskel. Das heißt, zu einem die Bewegung auslösenden Muskel (Agonist) gehört immer ein Gegenspieler (Antagonist). Das optimale

Zusammenspiel beider im Sinne von Spannung, Gegenspannung und Entspannung ermöglicht weiche und ökonomische Bewegungen. Deshalb sollten auch Agonist und Antagonist möglichst gleich gut ausgebildet und flexibel sein, damit kein Ungleichgewicht entsteht. Zur Kommunikation zwischen beiden Muskeln »benutzt« Ihr Körper den Prozess der reziproken Hemmung: Das bedeutet, dass bei Anspannung des Antagonisten der Agonist etwas an Spannung verliert. Dies wird etwa bei verschiedenen Stretching-Formen genutzt.

Außer der Kontraktionsfähigkeit besitzen Muskeln auch elastische Eigenschaften. Ähnlich wie bei einer Feder können die Muskeln nach vorangegangener Dehnung mehr Kraft erzeugen, ohne verstärkt aktiv sein zu müssen. Sie bewegen sich wie ein elastisches Band automatisch in Richtung Ausgangsstellung zurück.

Die Arbeitsweise der Muskulatur kann aufgrund dieser Zusammenhänge statisch, dynamisch überwindend (konzentrisch) oder dynamisch nachgebend (exzentrisch) erfolgen. Statische Arbeit leistet die Muskulatur, wenn sie gegen einen Widerstand eine stabile Position garantiert, ohne sich zu verkürzen. So müssen im Stehen z. B. die Rumpfmuskeln permanent statisch arbeiten, um eine aufrechte Position zu gewährleisten. Dynamisch überwindende oder konzentrische Arbeit leisten die Muskeln, wenn sie sich gegen einen Widerstand zusammenziehen und dabei kürzer werden. Dies geschieht beispielsweise beim Beugen des Armes, wobei sich die vordere Oberarmmuskulatur verkürzt und den Gewichtswiderstand des Unterarms überwindet. Dynamisch nachgebende oder exzentrische Arbeit kann die Muskulatur nur unter Einfluss eines zusätzlichen äußeren Widerstands leisten. Dabei wird sie, trotzdem sie sich zu verkürzen versucht, durch den passiven Widerstand gedehnt. Dies geschieht z. B. beim Laufen, wenn Sie beim Aufsetzen des Fußes Ihr Körpergewicht mit der Oberschenkel- und Wadenmuskulatur gegen die Schwerkraft abfangen müssen.

Neben der Kontraktionsform der Muskulatur unterscheidet man noch zwischen verschiedenen Arten von Muskelfasern, die in jedem Muskel vorhanden sind, den langsam und den schnell kontrahierenden. Die langsamen können weniger Kraft erzeugen und brauchen dafür einen längeren Zeitraum, sind jedoch ausdauernder. Die schnellen Fasern können in kurzen Zeiträumen viel Kraft erzeugen, ermüden aber rasch. Vereinfacht gesagt, sprechen Sie durch Ausdauertraining verstärkt Ihre langsamen Muskelfasern an, durch Schnellkraft- und Schnelligkeitstraining vermehrt Ihre schnelle Muskulatur.

Sportliche Bewegungen wie das Inline-Skating beziehen immer den Einsatz vieler Muskelgruppen mit ein, welche in den meisten Fällen Kombinationen der verschiedenen Arbeitsweisen bewältigen müssen. Die richtige Abstimmung der Muskeln aufeinander ist das Geheimnis weicher und ökonomischer Bewegungen.

Ihre persönliche Trainingsbelastung

Fitnesstraining soll vor allem Spaß machen – so viel ist sicher. Zusätzlich wollen Sie aber auch einen Nutzen davontragen, nämlich eine gesteigerte Fitness bzw. eine verbesserte körperliche Leistungsfähigkeit. Dazu reicht es auf lange Sicht nicht aus, nur »aus dem Bauch heraus« zu entscheiden, was und wie intensiv Sie trainieren möchten. Ihr selbst gestecktes Trainingsziel und Ihre Trainingsmotivation bestimmen letztlich Ihre Trainingsinhalte. Das vorangestellte »kleine Einmaleins der Sportmedizin« verdeutlicht, dass für ein bestimmtes Trainingsziel auch eine bestimmte Belastungswahl getroffen werden muss. Grundsätzlich helfen Ihnen die nachfolgenden Leitlinien bei Ihren Überlegungen zur Planung und Durchführung eines Fitnesstrainings:

- Trainieren Sie langfristig und regelmäßig das ganze Jahr über und wiederholen Sie ähnliche Trainingsreize über mehrere Wochen. Sporadisches Training in »Stoßzeiten« bringt langfristig keine positiven Effekte. Ihr Körper braucht Zeit, um sich an Belastungen zu gewöhnen und anzupassen.
- Gönnen Sie sich ausreichend viele Regenerationstage. Erst die Erholungsphasen machen eine positive Anpassung möglich.
- Verändern Sie regelmäßig Ihr Fitnesstraining (alle 4–6 Wochen). Einerseits ist es notwendig, progressiv die Belastung zu steigern, und andererseits nahezu unmöglich alle konditionellen und koordinativen Eigenschaften auf einmal zu trainieren. Es bietet sich an, Schwerpunkte zu setzen (z. B. Ausdauer oder Kraft) und diese nach einiger Zeit zu wechseln.
- Hinterfragen Sie die Funktionalität Ihres Trainings. Trainieren Sie auch wirklich den Aspekt, den Sie verbessern wollen (z. B. Fettstoffwechsel)?

All diese Aspekte machen es notwendig, dass Sie auch Ihr Fitnesstraining auf Inline-Skates kontrollieren. Trainingskontrolle ist für Fitnesssporter nicht deshalb so wichtig, weil sie sich einem hohen Leistungsdruck aussetzen wollen, sondern vielmehr weil sie auf die Signale ihres Körpers hören sollten.

Herzfrequenzmessung – auch beim Fitness-Skaten

Im Folgenden werden konkrete Möglichkeiten vorgestellt, wie man die Körpersignale richtig verstehen lernen und auf Inline-Skates ein Fitnesstraining mit hohem Spaßfaktor effizient steuern kann.

Herzfrequenz- und Laktatmessung

Die Herzfrequenzmessung kann grundsätzlich sehr einfach per Hand am Handgelenk (Radialispuls), am seitlichen Teil des Halses (Karotispuls) oder direkt am Herzen durchgeführt werden.
Bei einer Messung in Ruhe sollten Sie über einen längeren Zeitraum messen (1 Minute), da die Herzfrequenz in Ruhe deutlichen Schwankungen unterliegt. Bei einer Messung direkt nach dem Training hingegen sollten Sie über einen sehr kurzen Zeitraum (6–10 Sekunden) messen und mit entsprechendem Faktor (10 bzw. 6) multiplizieren, da der Puls nach einer Belastung sehr schnell abfällt. Die Auskunft über das Verhalten des Pulses während der Belastung ist durch eine Messung ohne Hilfsmittel kaum möglich. Es empfiehlt sich der Einsatz eines Herzfrequenzmessgeräts.
Ein solches Messgerät besteht im Regelfall aus einem Sender, der sich in einem Brustgurt befindet, und einem Empfänger, integriert in eine Armbanduhr. Anhand des Displays der Uhr können Sie so permanent während des Trainings Ihren Puls kontrollieren. Solche Herzfrequenzmessgeräte arbeiten mittlerweile ähnlich genau wie ärztliche EKG-Messgeräte. Mit Ihrer persönlichen Herzfrequenz können Sie Ihre Trainingsbelastung einschätzen und jederzeit regulierend einwirken.
Ambitionierte Fitness- und Leistungssportler überprüfen zusätzlich in regelmäßigen Abständen durch Laktatmessungen, wie ihre muskuläre Belastung mit ihren Herzfrequenzwerten übereinstimmt. Jedoch gestaltet sich die Laktatmessung etwas schwieriger als die Herzfrequenzmessung. Dazu müssen Sie sich an ein leistungsdiagnostisches Institut oder eine sportmedizinische Untersuchungsstelle wenden. Dort können Sie durch standardisierte Testverfahren Ihre Laktatwerte bei einem Fahrrad- oder Laufstufentest ermitteln lassen und mit denen Ihrer Herzfrequenz in Verbindung bringen. Ähnliches bieten mittlerweile auch einige Fitnessstudios an. Der Kostenaufwand liegt im Regelfall zwischen 100 und 200 DM.
Sie haben aber nur in seltenen Fällen die Möglichkeit, auf Inline-Skates einen Test zur Laktatbestimmung durchzuführen, da dies nur in sehr wenigen Labors möglich und der Aufwand für einen Feldtest nicht unerheblich ist. Anhand der folgenden beiden Testverfahren können Sie aber eine Aussage über Ihre individuelle Leistungsfähigkeit im Fitness-Skating erhalten bzw. Ihre Trainingsbelastung effizient steuern.

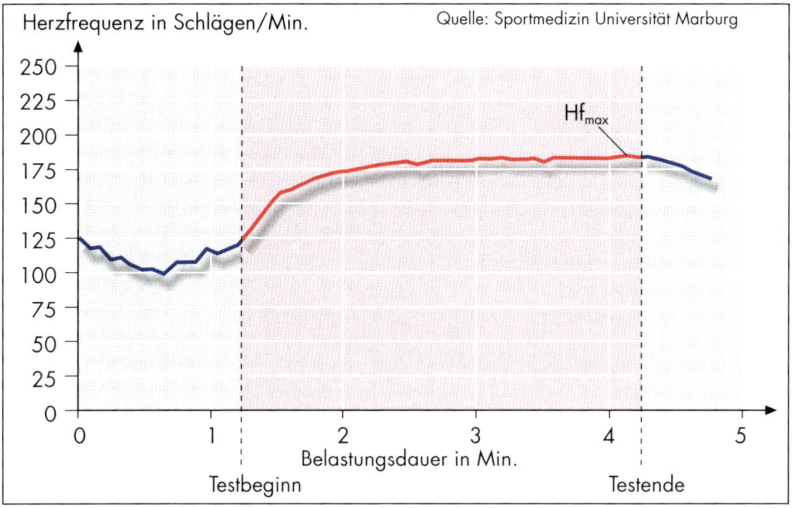

Herzfrequenzverlauf bei einem Hf$_{max}$-Test

Der Hf$_{max}$-Test für den Fitness-Skater

Die für jeden Fitness-Skater einfachste und praktikabelste Möglichkeit zur Bestimmung einer Basisgröße der Leistungsfähigkeit auf Inline-Skates ist der so genannte Hf$_{max}$-Test. Dabei können Sie Ihre maximale Herzfrequenz beim Inline-Skaten ermitteln, welche dann die Grundlage zur Einteilung der persönlichen Trainingsbereiche bzw. -intensitäten bildet.
Sie benötigen dazu nur ein Herzfrequenzmessgerät und eine gut asphaltierte, verkehrsfreie Strecke von 1500–2000 Meter Länge – und schon kann es losgehen.
Nach ausgiebigem Aufwärmen und einigen Steigerungsfahrten über ca. 10–15 Sekunden skaten Sie die 1500–2000 Meter in maximalem Tempo und beenden den Test mit einem Sprint. Der höchste Herzfrequenzwert, den Sie innerhalb dieses Tests erhalten haben, entspricht Ihrer maximalen Herzfrequenz beim Inline-Skating und bildet gleichzeitig die Grundlage für die Steuerung Ihrer Trainingsbelastung (siehe Grafik oben).

Der Feldstufentest für den Speed-Skater

Eine Möglichkeit zur Ermittlung von Herzfrequenz- und Laktatwerten zur Einschätzung der Leistungsfähigkeit für den ambitionierten Speed-Skater ist der spezifische Feldstufentest. Dazu benötigen Sie einen möglichst ebenen, kurzen Rundkurs, wenn möglich sogar eine Skating- Bahn, oder eine vermessene Strecke von ca. 1500 Meter Länge. Sie beginnen mit einer relativ langsamen Geschwindigkeit (20–25 Stundenkilometer je nach

Herzfrequenz- und Laktatleistungskurve beim Feldstufentest

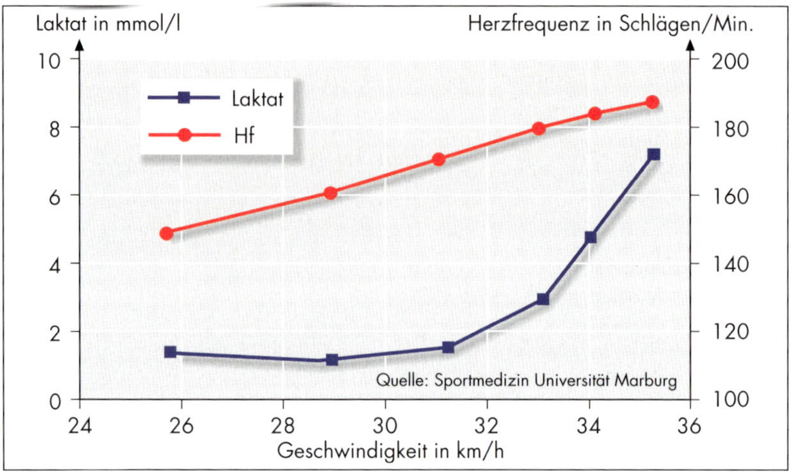

Leistungsniveau) und skaten die ersten 1500 Meter möglichst gleichmäßig auf aerobem Niveau. Dabei wird kontinuierlich Ihre Herzfrequenz aufgezeichnet und nach der Belastung Ihr Laktatwert bestimmt. Nach 1–2 Minuten Pause zur Laktatbestimmung absolvieren Sie dieselbe Strecke mit um 2–3 bzw. bei den letzten beiden Stufen mit um 1 Stundenkilometer gesteigerter Geschwindigkeit und wiederholen die Messungen. Insgesamt sollten Sie 6 bis maximal 8 Belastungsstufen à 1500 Meter bewältigen, wobei die letzte Ihnen alles abverlangen sollte.
Die erhaltenen Messwerte werden anschließend in ein Koordinatensystem mit Herzfrequenz und Laktat als vertikale Achsen und der Geschwindigkeit als horizontaler Achse übertragen. Sie erhalten somit eine Laktatleistungskurve und eine Herzfrequenzleistungskurve, an denen Sie ablesen können, zu welcher Geschwindigkeit welcher Laktat- bzw. Herzfrequenzwert gehört (siehe Grafik oben). Bei regelmäßiger Wiederholung eines solchen Feldstufentests können Sie genau verfolgen, wie sich Ihre Leistung entwickelt. Geringere Laktat- und Herzfrequenzwerte bei gleicher Geschwindigkeit sprechen für eine bessere Leistung.

Bestimmung von Trainingsintensität und Trainingsumfang

Je häufiger Sie skaten und je gezielter Sie Ihre Fitness auf Inline-Skates verbessern wollen, desto besser sollten Ihre Trainingseinheiten aufeinander abgestimmt sein. Mit Hilfe der Herzfrequenz- und Laktatwerte aus dem Feldstufentest bzw. der maxima-

len Herzfrequenz aus dem Hf_{max}-Test ist das hervorragend möglich.
Die Abb. unten verdeutlicht die Einteilung von Trainingsbereichen im Fitness- und Speed-Skating, denen verschiedene Belastungsintensitäten zugrunde liegen.

Regenerations- und Kompensationsbereich (REKOM)

Die niedrigste Trainingsintensität beim Fitness-Skating ist dem so genannten Regenerations- und Kompensationsbereich (REKOM) zuzuordnen. Dabei sollten Sie sich so niedrig belasten, dass eine »aktive Erholung« Ihres Körpers stattfinden kann. Das geschieht durch ganz lockeres, gleichmäßiges Skaten mit 60–70 % Ihrer Hf_{max} bzw. Laktatwerten, die kaum über Ihre Ruhewerte hinausgehen (≤ 2 Millimol/Liter).
Dieses Training sollte Ihnen so gut wie keine Anstrengung bereiten und deshalb auch 45 Minuten Dauer nicht übersteigen. Es ist besonders sinnvoll an Tagen nach einer sehr harten Trainingseinheit oder nach einem harten Arbeitstag.

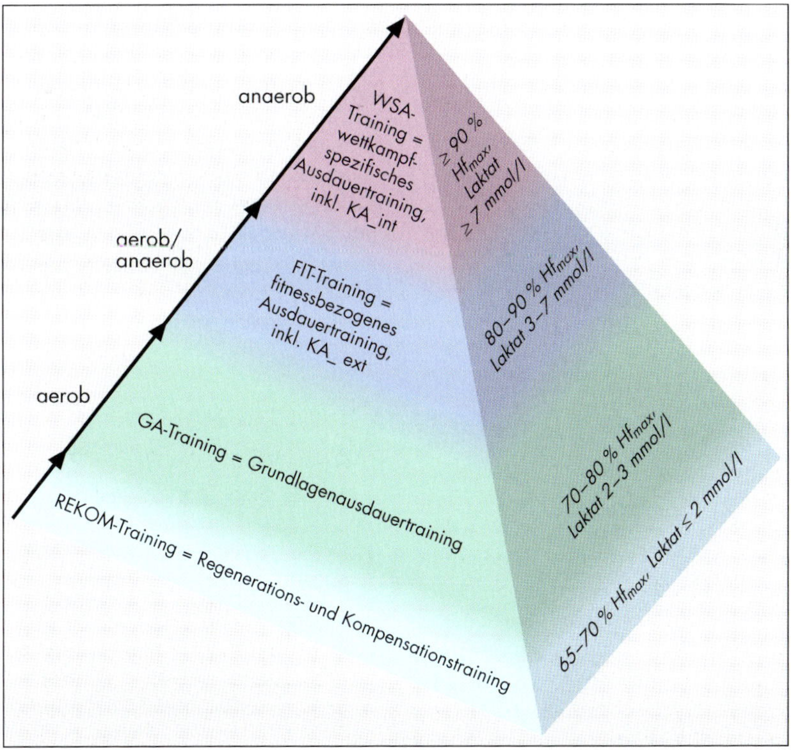

Die verschiedenen Trainingsbereiche und ihre Intensitäten

Grundlagenbereich

Der wichtigste Trainingsbereich für den Fitness-Skater ist der Grundlagenausdauerbereich (GA). Hier trainieren und entwickeln Sie Ihre »Basis« für das gesamte Training. Das GA-Training sollte mit Herzfrequenzwerten zwischen 70 und 80% Ihrer Hf_{max} bzw. Laktatwerten von 2–3 Millimol/Liter absolviert werden. Ziel dabei ist es, ein stabiles Ausdauerniveau zu erreichen, sodass Sie ohne größere Mühe über einen Zeitraum von mindestens 2 Stunden belastungsfähig sind. Ihr Herz-Kreislauf-System stabilisiert sich, und Sie legen den Grundstein für jede intensivere Belastung. Außerdem ist dies der Bereich, in dem effektives Fettstoffwechseltraining über mehrere Stunden möglich ist.
Als Fitness- und Speed-Skater sollten Sie im REKOM- und Grundlagenbereich mindestens 50% Ihres gesamten Trainingsumfangs absolvieren.

Fitnessbereich

Der Fitnessbereich (FIT) schließt direkt an den Grundlagenbereich an. Im Sinne einer Intensivierung Ihres Trainings erreichen Sie im FIT-Bereich Herzfrequenz- und Laktatwerte von 80–90% Ihrer Hf_{max} bzw. 3–7 Millimol/Liter. Sie benötigen diesen höheren Trainingsreiz zur fortlaufenden Weiterentwicklung Ihrer Ausdauerbasis. Die Dauer einer Trainingseinheit im Fitnessbereich sollte aufgrund der erhöhten Intensität mit 30–60 Minuten deutlich kürzer sein als im Grundlagenbereich. Der Anteil des FIT-Trainings am Gesamtumfang liegt zwischen 15 und maximal 40%.
Anhand der genannten drei Intensitätsbereiche können Sie Ihre Fitness so weit entwickeln, dass Ihnen das Inline-Skating auch auf anspruchsvolleren Profilstrecken geradezu mühelos vorkommt.

Wettkampfbereich

Alle, die sich im Training unterfordert fühlen, die ab und zu eine maximale Belastung zur Auslotung der eigenen Leistungsgrenzen benötigen und die mit Wettkämpfen liebäugeln, sollten auch die wettkampfspezifische Ausdauer (WSA) trainieren. Dabei können Sie im nahezu maximalen Bereich skaten, mit Herzfrequenzen oberhalb von 90% Ihrer Hf_{max}. Auch die Laktatwerte können dabei 7 Millimol/Liter deutlich übersteigen. Diese hohen Intensitäten sollten Sie aber

Anteile der Trainingsbereiche am Gesamttraining

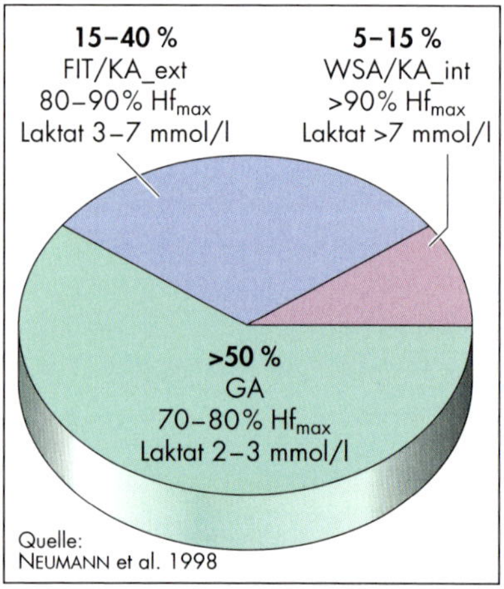

eher sparsam und gezielt einsetzen. Auch sollten die Belastungsdauer und der Anteil am Gesamttraining in diesem Bereich 20–40 Minuten bzw. 5–15 % nicht übersteigen.
Die WSA-Einheiten helfen Ihnen sowohl bei der Annäherung an Wettkampfbelastungen als auch bei der Verbesserung Ihrer maximalen Leistungsfähigkeit im Speed-Skating. Das Training in diesem Bereich erfordert allerdings eine hohe Fahrsicherheit und ein sicheres Beherrschen der Fitness- und Speed-Skating-Technik.

Kraftausdauerbereich

Einen besonderen Stellenwert im Fitness-Skating nimmt der Kraftausdauerbereich (KA) ein. Da die Muskulatur schon bei relativ geringen Geschwindigkeiten über einen langen Zeitraum mit mindestens 30 % ihrer maximal zur Verfügung stehenden Kraft arbeitet, ist in fast jeder Trainingseinheit auf Skates ein Kraftausdauereffekt zu verzeichnen. Wenn Sie dies bewusst verstärken, können Sie die Entwicklung Ihrer Kraftfähigkeiten vorantreiben und vor allem den Rumpfbereich und die Beine straffen und kräftigen. Ihre Herzfrequenz kann dabei ähnlich hoch liegen wie im Fitnessbereich (FIT) bzw. diese leicht überschreiten (80–95 % der Hf_{max}).
Wollen Sie Ihre Kraftausdauer mit mittlerer Intensität trainieren, also noch sehr stark die Ausdauer betonen (KA_ext), so sollten Ihre Laktatwerte um 4 Millimol/Liter liegen. Bei intensivem Kraftausdauertraining (KA_int), in dem ein hoher Krafteinsatz im Vordergrund steht, lassen sich Laktatwerte erreichen, die denen des WSA-Trainings (> 7 Millimol/Liter) vergleichbar sind. Entsprechend sollten Sie die Trainingsdauer nicht länger als 30 Minuten wählen.
Die beschriebene Einteilung der Trainingsintensitäten und -umfänge hilft Ihnen, sich im Training zielgerichtet orientieren zu können. Sie können anhand dieser nun entscheiden, welche Trainingsintensität für Ihren persönlichen Trainingszweck am geeignetsten ist. So ist z. B. der Grundlagenbereich mit niedriger Intensität im Fitness-Skaten geeignet, um den Fettstoffwechsel anzuregen und bei der Straffung des Gewebes im Bein-, Po- und Rumpfbereich mitzuwirken.
Konkrete Beispiele für Trainingseinheiten zu den einzelnen Zielvorstellungen finden Sie im Kapitel »Inline-Workout« ab S. 69.

Das individuelle Trainingsumfeld

Bei einer sinnvollen und effektiven Abstimmung Ihres Fitnesstrainings sollten Sie eines nie aus den Augen verlieren:

- Training kann nur so effektiv sein, wie Alltagsablauf und persönliches Umfeld es zulassen. Auch der Spaßcharakter und das Erlebnisgefühl des Fitness-Skatings kommen erst richtig zur Geltung, wenn Sie Ihr Training auf Ihre Alltagsbelastung abstimmen.

Es ist natürlich auch umgekehrt denkbar, doch werden die wenigsten in der Lage sein bzw. das Bedürfnis haben, ihren Alltag vollständig auf das Fitnesstraining abzustimmen.
Bei der Berücksichtigung Ihres persönlichen Trainingsumfelds sollten Sie Folgendes beachten:

- Überlegen Sie sich zunächst, wie viele Trainingseinheiten Sie pro Woche absolvieren möchten und können. Berücksichtigen Sie dabei sowohl Ihre berufliche als auch Ihre familiäre und private Situation. Erstrebenswert sind für eine Verbesserung der persönlichen Fitness zumindest drei Einheiten mit mindestens 30–45 Minuten Länge. Alles darüber hinaus hängt von Ihrem Zeitbudget und Ihrer Motivation ab.
- Die Trainingsintensität sollten Sie auf Ihren Tagesablauf so abstimmen, dass Sie beispielsweise nach einem harten und langen Arbeitstag mit möglicherweise sogar wenig Zeit zur Nahrungsaufnahme kein hartes Training mehr durchführen. In diesem Fall bietet sich das REKOM-Training an, bei dem Sie aktive Entspannung und erholsame Bewegung finden. Ein lockeres Dahingleiten auf Inline-Skates ist nahezu ideal, um abzuschalten und sich aktiv zu entspannen. Dafür legen Sie die etwas schnelleren bzw. anstrengenderen Skate-Einheiten auf Tage mit weniger Arbeitsbelastung.
- Zu Ihrem persönlichen Trainingsumfeld gehört auch, welche Trainingsmöglichkeiten Sie zur Verfügung haben. Für ein sicheres und erfreuliches Skaten ist eine verkehrsfreie, gut asphaltierte Strecke empfehlenswert. Gerade das gezielte Fitness-Skating mit höheren Intensitäten erfordert einen gewissen Bewegungsspielraum, denn Sicherheit geht immer vor Geschwindigkeit.

Ein Technik- und Gleichgewichtstraining auf Inline-Skates können Sie am besten in einer Trainingshalle realisieren, in der das Skaten ausdrücklich erlaubt ist. Gut geeignet ist auch ein großer, wenig frequentierter Parkplatz oder natürlich eine Speed-Skating-Bahn. Entsprechende Adressen erfahren Sie über die beiden deutschen Inline-Verbände (DRIVe und D.I.V., siehe Anhang). Alternative Trainingsmöglichkeiten (Fitnessstudio, Radfahren, Laufen, Schwimmen, Skilanglauf, alpiner Skilauf etc.), die Sie leicht in Ihrer unmittelbaren Umgebung durchführen können, sollten Sie ebenfalls in die Trainingsplanung mit einbeziehen (siehe Kapitel Crosstraining).
Wenn Sie die genannten Punkte des persönlichen Trainingsumfeldes in Ihrer Fitnessplanung berücksichtigen, dann steht einer fortschreitenden Entwicklung nichts mehr im Wege.

Fitness- und Speed-Skating-Technik

Eine effektive Fitness- und Speed-Skating-Technik umfasst eine optimale Körperhaltung, eine kontrollierte Gewichtsverlagerung und einen dynamischen Abdruck zur Seite. Das Zusammenspiel aus statischer Haltung und dynamischem Ganzkörpereinsatz wird von guten Speed-Skatern in Perfektion beherrscht.
Im Folgenden werden die Grundlagen der Fitness- und Speed-Skating-Technik erläutert und anhand von Bildern veranschaulicht. Zusätzlich bieten einfache Übungsformen Anregungen, die helfen, die Technik leichter umzusetzen und ein hohes Maß an Gleichgewichtsgefühl und Koordinationsvermögen zu erlangen. Die wenigen aufgeführten Übungsformen haben orientierenden Charakter und spiegeln den Kern der umzusetzenden Bewegung wider. Übungsvariationen in vielfältiger Form können aus den angeführten Übungen abgeleitet werden.

Die Grundhaltung (Skating-Position)

Die Skating-Position ist die Grundhaltung beim Fitness-Skating, die Sie einnehmen, um sich sicher, entspannt und funktionell fortbewegen zu können.

Ähnlich wie beim Skifahren stehen die Skates dabei mit etwa schulterbreitem Abstand parallel zueinander. Wichtig ist, dass Sie eine senkrechte und zentrale Position einnehmen, das heißt, Schiene und Schaft bilden die senkrechte Verlängerung des Beins. Achten Sie darauf, dass Sie in keinem der Gelenke nach innen oder außen knicken. Sie bilden mit Ihrem Körper eine gerade Gelenkkette. Dadurch werden unnötige Scherbelastungen vermieden, und eine optimale Kraftübertragung ist garantiert. Zur Eigen-

Die Fitness-Skating-Position

kontrolle können Sie von oben über Ihre Kniescheibe schauen und sollten dann Ihre Fußspitze sehen können. Die Abbildung auf S. 47 verdeutlicht, dass Sprung-, Knie- und Hüftgelenk eine leichte Beugung erfahren. Ihr Schienbein übt Druck auf die Zunge des Skates aus, Ihre Knie werden gebeugt, und mit dem Oberkörper neigen Sie sich leicht nach vorn. Dabei ist darauf zu achten, dass Ihr Körpergewicht möglichst gleichmäßig auf Fußballen und Ferse verteilt ist. Den Rücken sollten Sie annähernd gerade halten, sodass Bauch- und Rückenmuskulatur den Rumpf optimal stabilisieren können.

Die Speed-Skating-Position

Die Arme sollten um ca. 90° im Ellbogengelenk gebeugt werden.
Um die optimale Position auf den Skates zu finden, verlagern Sie das Gewicht in der Grundposition in Richtung Fußballen und Ferse. Durch diese minimale »Schaukelbewegung« werden Sie sehr schnell Ihre stabilste Position finden!

Tipp: Sprunggelenk

Knicken Sie im Sprunggelenk nach innen oder außen, ist es ratsam, vor allem die Unterschenkelmuskulatur verstärkt zur Stabilisation einzusetzen. Hilfreich in diesem Zusammenhang ist das lange Gleiten auf einem Bein. Sollte dies nicht ausreichen, können anatomische Einlegesohlen oder eine Veränderung der Schienenposition Abhilfe schaffen.

Beim Speed-Skating ändert sich die Körperhaltung dahin gehend, dass eine stärkere Beugung in allen Gelenken vorgenommen wird. Der Winkel zwischen Unter- und Oberschenkel beträgt ca. 110–120°, der Hüft- und Sprunggelenkwinkel ca. 60–90°, je nach muskulärer Trainiertheit des Skaters, Streckenlänge und Geschwindigkeit.
Die Speed-Skating-Haltung besteht nicht nur aus einem Abwinkeln des Oberkörpers in die Waagrechte, sondern einer effektiv tieferen Körperhaltung (Zentrierung der Massen) durch Reduzierung aller Gelenkwinkel.

Durch die tiefere Position steigt die Belastung für alle gelenkstabilisierenden Muskeln, insbesondere für die Rückenmuskulatur.

Tipp: Lendenwirbelsäule

Treten im Bereich der Lendenwirbelsäule Schmerzen auf, so können diese verschiedene Ursachen haben: Rotation im Oberkörper, zu starke Oberkörpervorlage, fehlende Rumpfstabilität. Abhilfe kann geschaffen werden durch regelmäßige Kräftigungsübungen der Rumpfmuskulatur (siehe Rumpfkräftigungstraining, S. 90ff.), Haltungskorrekturen in Form eines aktiven Herausschiebens des Gesäßes, Entlastung durch Aufstützen der Hände auf den Oberschenkeln bzw. kurzzeitiges Aufrichten während des Skatens. Die Grundhaltung garantiert nicht nur eine maximale Leistungsfähigkeit, sondern ist eine wesentliche Grundlage, um die Kraft- und Ausdauer auf gesundheitlich wertvolle Weise zu entwickeln.

Aus sportmedizinischer Sicht ist es günstig, auch in dieser tiefen Haltung eine gerade Position in der Lendenwirbelsäule anzustreben. Da über längere Distanzen die Rückenmuskulatur auch im trainierten Zustand zu schnell ermüdet, ist die einzunehmende Position mit leicht gerundeter Lendenwirbelsäule ein Kompromiss aus Spannung und Entspannung.

Die Gewichtsverlagerung (Body Move)

Bei der Gewichtsverlagerung geht es in erster Linie um den richtigen Einsatz des gesamten Körpers für einen kraftvollen Abdruck. Es ist nicht nur das Bein, das den Abdruck zur Seite erzeugt, sondern die Einheit aus Oberkörper, Rumpf und Beinen. Wichtig ist, dass Sie diese Einheit während des ganzen Bewegungsablaufs gewährleisten. Sprung-, Knie- und Hüftgelenk bilden eine Gelenkkette, deren Verlängerung Ihre Nasenspitze ist. Rollen Sie langsam auf einer Geraden, achten Sie auf die richtige Grundhaltung und wechseln Sie mit Ihrem Körperschwerpunkt von einem Bein auf das andere, wie in der Bildserie auf S. 50 (links oben und unten) zu sehen ist. Helfen kann Ihnen die Vorstellung eines Stehaufmännchens, welches in seiner Einheit

Tipp: Gewichtsverlagerung

Stellen Sie sich in Turnschuhen vor einen Spiegel und nehmen Sie die Grundhaltung ein. Verlagern Sie Ihren Körperschwerpunkt von einem auf das andere Bein und achten Sie darauf, dass das Abdruckbein dabei vollständig gestreckt wird. Im Spiegel können Sie kontrollieren, ob Sie in der Hüfte nachgeben oder die Körperspannung im Rumpf beibehalten.

Oben und unten: Der Body Move beim Fitness-Skating

Rechts: Der Body Move beim Speed-Skating

bestehen bleibt: Bei einem Abdruck mit dem rechten Bein neigt sich der Oberkörper leicht in die entgegengesetzte Richtung, in diesem Fall nach links. Wichtig hierbei ist, die Körperspannung im Rumpfbereich beizubehalten und nicht in der Hüfte einzu-

knicken. Außerdem zu vermeiden sind Rotationsbewegungen im Oberkörper und im Rumpfbereich. Versuchen Sie, »Achsenparallelität« in Schulter-, Hüft- und Knieachse sicherzustellen.

Beim Speed-Skating gibt es keine prinzipiellen Unterschiede. Durch die verstärkte Dynamik in der Körperschwerpunktverlagerung und die tiefere Körperposition wird die Gewichtsverlagerung zusätzlich akzentuiert.

Der Abdruck

Der Abdruck ist mit Abstand die wichtigste Bewegungseinheit für eine schnelle Fortbewegung auf Inline-Skates und unterscheidet sich nur in der Dynamik der Ausführung zwischen Fitness- und Speed-Skater.
Der Abdruck erfolgt parallel zur Seite, der Skate bleibt dabei mit all seinen Rollen möglichst lang auf dem Boden. Das ganze Körpergewicht befindet sich zu Beginn des Abdrucks auf diesem Bein. Der Körperschwerpunkt wandert hierbei vom Abdruckbein weg auf das Gleitbein, welches sofort im Anschluss daran auf dem Boden aufgesetzt wird. Wichtig hierbei ist, das Gleitbein spät auf den Boden aufzusetzen, um viel Energie mit Hilfe des Körpergewichts in den Abdruck fließen zu lassen und die Zeit des beidbeinigen Bodenkontaktes möglichst kurz zu halten.

Tipp: Abdruck

Versuchen Sie bewusst, den Abdruck verstärkt über die Ferse auszuführen. Hier entwickeln Sie die meiste Kraft, die vom Körper über das Bein in den Fuß geleitet wird. Außerdem trägt dies dazu bei, dass der Skate während des Abdrucks parallel in Fahrtrichtung ausgerichtet bleibt und ein Aufheben der Achsenparallelität in der Hüftachse weitgehend verhindert wird.

Kraftvoller Abdruck zur Seite

Der Abdruck ist auf der rechten und linken Seite erst mit der vollständigen Streckung im Kniegelenk beendet. Eine minimale Außenrotation in der Hüfte lässt sich dabei nicht vermeiden.

Übungen zum Abdruck

Übung 1: Power Push beim Slalomfahren

Suchen Sie sich eine ruhige Strecke und legen Sie dort einen Slalomparcours an (Abstand ca. 3 Meter). Durchfahren Sie diesen mit mäßiger Geschwindigkeit mit beiden Skates

Power Push beim Slalomfahren

Einbeiniger Power Push

auf dem Boden. Achten Sie beim Richtungswechsel auf die Belastung des kurvenäußeren Skates. Ihr Körpergewicht sollte fast ausschließlich auf diesem Bein ruhen. Drücken Sie bei jeder Kurvenfahrt zusätzlich den kurvenäußeren Skate bewusst unter Einsatz Ihres Körpergewichts nach außen. Die Ferse sollte dabei bis zum Schluss auf dem Boden bleiben.

Übung 2: Power Push einbeinig
Fahren Sie mit mäßiger Geschwindigkeit durch den Parcours und konzentrieren Sie sich auf die Belastung der Rolleninnenkante des kurvenäußeren Skates. Das kurveninnere Bein heben Sie leicht an, um sicherzustellen, dass Ihr Körpergewicht nur auf dem äußeren Skate ruht. Drücken Sie aktiv über die Ferse nach außen, um den Richtungswechsel zu initiieren.

Der Fitness-Skating-Schritt

Fitness-Skating lebt einerseits von der Dynamik des Bewegungsablaufs und andererseits von der Leichtigkeit der Gleitbewegung. Beides zu vereinen erfordert ein optimales koordinatives Zusammenspiel des gesamten Körpers, was letztlich eine effektive und ökonomische Fortbewegung ermöglicht.
Die Verbindung der einzelnen Bausteine Grundhaltung, Gewichtsverlagerung und Abdruck ergeben den Fitness-Skating-Schritt.
Ein effizienter und ökonomischer Fitness-Skating-Schritt entsteht durch einen gleichmäßigen und ruhigen Übergang zwischen statischem Gleiten und dynamischem Abdrücken.
Die Inline-Skating-Bewegung wird

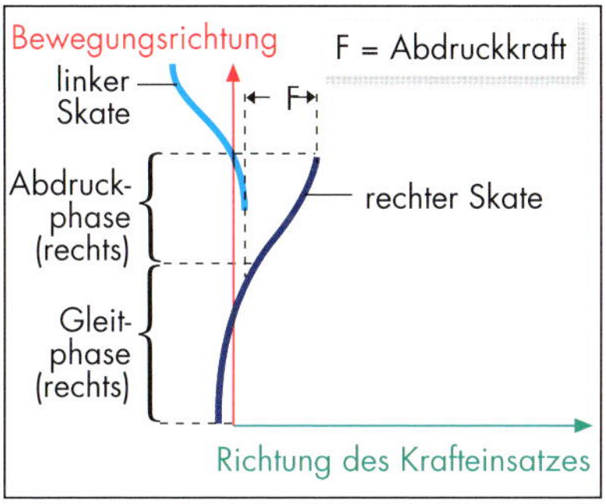

Skate-Verlauf bei der klassischen Technik (rechtes Bein)

deshalb in drei wesentliche Phasen unterteilt: zwei aktive und eine regenerative. Zu den aktiven Phasen gehören die statische Gleitphase und die dynamische Abdruckphase. Beide beanspruchen die Beinmuskulatur unterschiedlich. In der Abdruckphase strecken Sie Ihr Bein am Boden parallel zum Gleitskate. Die Muskulatur arbeitet dabei dynamisch überwindend und sorgt aktiv für Vortrieb. In

Abdruckphase (rechtes Bein)

Links: Gleitphase (linkes Bein)

Rechts: Erholungsphase (rechtes Bein)

der Gleitphase leistet die Muskulatur ausschließlich Haltearbeit, während Sie in Fahrtrichtung auf einem Skate rollen. Die Entspannung erfolgt in der Beiziehphase, in der Sie das zuvor belastete Bein von hinten unter Ihren Körper zurückführen.
Abb. S. 53 unten zeigt eine Abdruckphase, in der das rechte Bein als Abdruckbein fungiert. Die Verlagerung des Körperschwerpunkts auf das Gleitbein hat bereits kurz vor dessen Aufsetzen stattgefunden. Gut zu sehen sind die Grundposition, die Wahrung der Achsenparallelität und die parallele Ausrichtung beider Skates in Fahrtrichtung. Die Arme schwingen locker mit und werden – ähnlich wie beim Laufen – diagonal mit den Beinen koordiniert. Nach vollständiger Streckung des Abdruckbeins hebt dieses vom Boden ab, und die reine Gleitphase mit dem linken Bein als Gleitbein beginnt (siehe Abb. oben links), während das rechte Bein in die Erholungsphase übergeht. Im Verlauf dieser wird das rechte Bein von hinten unter den Körper geführt. Um im Anschluss das rechte Bein wieder zentral unter dem Körperschwerpunkt aufsetzen zu können (siehe Abb. oben rechts), wandert das Körpergewicht vom linken Bein, das zum Abdruckbein wird, in Richtung rechtes Bein. Das Aufsetzen des rechten Beins wird leicht verzögert, um für

den ersten Teil des Abdrucks das gesamte Körpergewicht als »Energiepotenzial« zu nutzen. Absolute Profis zögern den Fußaufsatz so lange hinaus, bis sich das Abdruckbein schon in der Endphase des seitlichen Abdrucks befindet. Das Aufsetzen erfolgt dann auf der Außenkante des Gleit-Skates, und der Weg der Kraftentwicklung für den nächsten Abdruck wird maximal verlängert. Anschließend beginnt derselbe Bewegungszyklus zur entgegengesetzten Seite. Beim Durchlaufen dieser Phasen beschreiben Sie auf dem Asphalt mit Ihren Skates eine bogenförmige Linie, die in der Grafik S. 53 oben dargestellt ist.

Tipp: Kurvenlage

Erfahrungsgemäß besteht die größte Herausforderung beim Kurvenfahren darin, eine an die Geschwindigkeit und den Kurvenradius angemessene Kurveninnenlage einzunehmen. Hierzu folgende Übung: Rollen Sie mit zügiger Geschwindigkeit auf der Außenkante des kurveninneren Beins durch die Kurve. Achten Sie darauf, dass Ihr Körper während des Gleitens eine vollständige Streckung und Spannung im Rumpfbereich erfährt und Sie nicht in der Hüfte nach außen nachgeben. Haben Sie Mut, die Hüfte in Richtung Kreismittelpunkt zu schieben.

Das aktive Kurvenfahren (Cross Over)

Sicherlich eine der schwierigsten Techniken für Fitness- und auch für Speed-Skater ist das aktive Kurvenfahren. Auch wenn man sich beim Konditionstraining auf Inline-Skates meistens auf geraden Strecken fortbewegt, sollte man das Kurvenfahren nicht vernachlässigen. Es ist eine ausgezeichnete Übung zur Schulung des Gleichgewichts und der Bewegungssicherheit auf Inline-Skates. Schrecken Sie nicht davor zurück, sondern haben Sie Mut, sich auch dem aktiven Kurvenfahren anzunähern. Diese Bewegungsform berücksichtigt alle bisher aufgeführten Basisbausteine (Grundhaltung, Gewichtsverlagerung, Abdruck) unter anspruchsvolleren Bedingungen.

Um den Einstieg in das aktive Kurvenfahren zu erleichtern, sollten Sie zunächst durch Probieren herausfinden, welches Ihre bevorzugte Seite in Bezug auf das Übersetzen ist. Aufgrund der Linksorientierung von Laufbahnen und Rundstrecken bei Inline-Events fällt den meisten Fitness- und Speed-Skatern das Übersetzen in einer Linkskurve leichter.

Anhand der Bildserie auf S. 56/57 lässt sich die Technik nachvollziehen: Fahren Sie die Kurve bereits in leichter Kurvenlage an. Dabei befindet sich das Körpergewicht auf dem kurveninneren Bein. Das kurvenäußere Bein wird nach dem Abdruck nach außen vom Boden nur so weit angehoben, dass ein Übersetzen vor das

Aktives Kurvenfahren (von links nach rechts): Kurvenanfahrt, Übersetzen …

kurveninnere Bein möglich ist. Das Aufsetzen erfolgt neben dem kurveninneren Bein in Richtung Kurvenscheitel mit paralleler Ausrichtung. Das Körpergewicht sollte sich möglichst lange auf dem kurveninneren Bein befinden und wird erst auf das kurvenäußere Bein verlagert, wenn dieses aufsetzt. Das kurveninnere Bein wird anschließend aktiv über den ganzen Fuß nach außen gedrückt. Nach der vollständigen Entlastung des kurveninneren Beins wird dieses nach vorne/innen am kurvenäußeren Bein vorbeigeführt und in Richtung Kurvenscheitelpunkt aufgesetzt. Der Aufsetzpunkt sollte nur so weit nach innen führen, wie er eine vollständige Verlagerung des Körpergewichts zulässt.

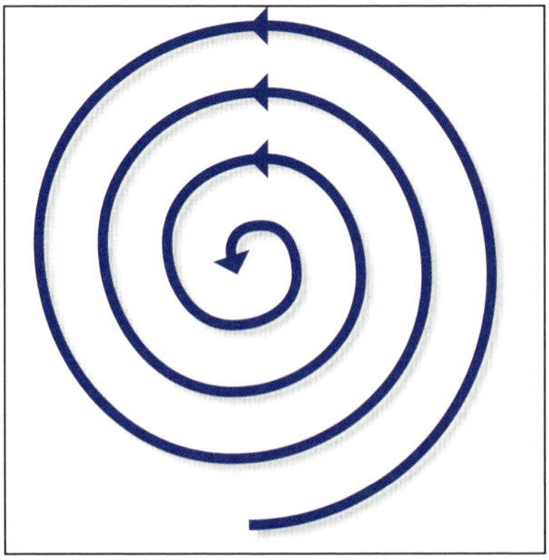

Spiralenfahren

Die Kunst des aktiven Kurvenfahrens liegt ähnlich wie beim Abdruck auf der Geraden darin, das Aufsetzen des Fußes hinauszuzögern, um mit dem Körpergewicht möglichst lange Druck ausüben zu können. Das Körpergewicht wandert zum Kurvenscheitelpunkt, verlagert sich auf das kurveninnere Bein und drückt auf der Rollenaußenseite nach außen (vom Kurvenscheitelpunkt weg). Dieser zweite Abdruck sollte ebenfalls bis zur vollen Streckung des kurveninneren Beins erfolgen. Zögern Sie auch hier das Aufsetzen des

… Abdruck vom kurveninneren Bein, Abdruck vom kurvenäußeren Bein

Fußes hinaus, um beim Abdruck lange mit Ihrem Körpergewicht arbeiten zu können.

Spiralenfahren

Zur Erlangung von Sicherheit im aktiven Übersetzen beginnen Sie zunächst mit großen Kreisen und entsprechend geringer Kurvenlage. Bei zunehmender Bewegungssicherheit arbeiten Sie sich zu engeren Kurven mit kleineren Radien vor. Durch die Aneinanderreihung von großen und kleinen Radien kommt es zum Spiralenfahren, was Sie mit mäßiger Geschwindigkeit nicht oft genug üben können. Konzentrieren Sie sich darauf, möglichst lange auf dem kurveninneren Bein zu stehen und vollständig zu übersetzen. Wechseln Sie jeweils nach einmaligem Durchfahren der Spirale die Richtung und wiederholen Sie die Übung.

Achterfahren

Beim Achterfahren versuchen Sie, entlang einer gedachten Acht auf dem Boden mit mäßiger Geschwindigkeit zu fahren. Dadurch schulen Sie in kurzem Abstand das Überset-

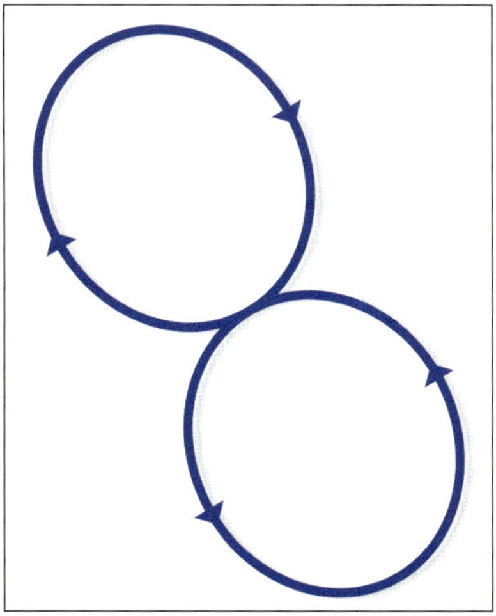

Achterfahren

Einbeiniges Gleiten

zen nach beiden Seiten. Konzentrieren Sie sich vor allem auf die lange Belastung des kurveninneren Beins und das vollständige Übersetzen. Zum Einstieg ins aktive Übersetzen können Sie beide Übungen wie folgt variieren:

- Gleiten Sie auf der gedachten Spirale oder Acht auf dem jeweils kurveninneren Bein und stoßen Sie sich nur mit dem Außenbein kräftig ab.
- Übersetzen Sie zunächst nur passiv, das heißt ohne zusätzlichen Abdruck mit dem kurveninneren Bein.

Das Gleichgewicht – Basis für effektives Skaten

Die Technik des Fitness- und Speed-Skatings setzt einen sicheren Umgang mit dem eigenen Gleichgewicht voraus. Die beschriebenen Übungen zur Fahrtechnik trainieren den Gleichgewichtssinn zwar mit, dennoch erscheint es sinnvoll, als Basis zur Verbesserung der Technik mit einigen gezielten Übungen den Gleichgewichtssinn speziell anzusprechen und zu entwickeln.

Einbeinfahren

Beginnen Sie mit mäßiger Geschwindigkeit zunächst beidbeinig zu gleiten, um anschließend ein Bein anzuheben. Achten Sie darauf, dass Sie zentral und mittig auf der Schiene des Inline-Skates stehen und in keinem der Gelenke nach außen oder innen nachgeben. Die Arme können Sie stabilisierend leicht zur Seite ausstrecken. Beginnen Sie mit wenigen Metern des Gleitens und versuchen Sie, immer längere Strecken in stabiler Position auf einem Bein zurückzulegen.

Umspringen

Beginnen Sie mit mäßiger Geschwindigkeit auf einem Bein zu gleiten. Versuchen Sie anschließend, vom Gleitbein in die Vertikale abzuspringen und auf dem entgegengesetzten Bein in zentraler Position zu landen. Dabei kommt es nicht auf die Höhe des Sprungs an, sondern auf eine sichere und stabile Landung.

Kombinieren Sie diese Basisübungen mit den Übungsformen zur richtigen Fitness-Skating-Technik und Sie werden bei regelmäßiger Durchführung ein Höchstmaß an Bewegungssicherheit erlangen. Dies wird Ihnen beim Fitnesstraining auf Inline-Skates zugute kommen.

Absprung vom linken Bein

Hinweise für sicheres Fahren

In den folgenden Ausführungen finden Sie, was neben der reinen Fortbewegungstechnik noch als »Startkapital« empfehlenswert ist, um die Fitness auf Inline-Skates trainieren und verbessern zu können. Dabei geht es nicht darum, einen Anfängerkurs in Kurzform anzubieten, sondern es sollen Ihnen vielmehr einige wichtige Punkte vor Augen geführt werden, die Sie für ein gesundheitlich wertvolles Fitness-Skating in jedem Fall berücksichtigen müssen.

Landen auf dem rechten Bein

Sicheres Fahren

Der Grundbaustein für ein Training zur Verbesserung des körperlichen Wohlbefindens und der Leistungsfähigkeit ist die Minimierung des Verletzungsrisikos (siehe Fitness-Skating-Modul). Betrachtet man die Verletzungsstatistiken der letzten Jahre, so wird deutlich, dass das Fitness- und das Speed-Skating immer noch einen zweifelhaften Ruf als verletzungsträchtige Disziplin genießen. Etwa drei Viertel aller zwölf Millionen deutschen Inline-Skater hatten laut Statistik einen Skate-Unfall, der eine Behandlung notwendig machte. Bei einem Anteil von 80% der Fitness- und Recreation-Skater am Gesamtpool ist also auch in diesem Bereich mit hohen Verletzungszahlen zu rechnen. Dennoch konnten Untersuchungen der Universitäten Hamburg und Bochum aufzeigen, dass gerade im Bereich des Fitness-Skatings die Verletzungshäufigkeit eher überschätzt wird[1]. Diese liegt in Relation zu den Trainingstunden deutlich niedriger als z. B. beim Radfahren oder gar im Fußball. Außerdem zeigen die Statistiken, dass einerseits immer noch die wenigsten Fitness-Skater eine vollständige Schutzausrüstung tragen und andererseits die Hauptverletzungsursachen in einem Koordinations- und Gleichgewichtsverlust beim Bremsen und einem ungenügend geschulten Verhalten bei Stürzen zu sehen ist. Grundvoraussetzung sollte also sein, dass Sie das kalkulierte Stürzen, die adäquaten Bremstechniken und ein sicheres Fortbewegen auf den Skates beherrschen. Das kalkulierte Stürzen in »Kaskadenform« sollten Sie in jedem Fall in einem Anfängerkurs gelernt und verinnerlicht haben, ebenso die Basisbremstechniken, denn sie sind Grundvoraussetzung für schnelles und ausdauerndes Fahren.[2]

Die adäquaten Bremstechniken für den sportlichen Einsatzbereich, um den es hier geht, werden im Folgenden nochmals verdeutlicht und ihren Einsatzgebieten zugeordnet.

Heel-Stop

Bremsen

Heel-Stop: Die einfachste Bremstechnik ist der Heel-Stop mit dem extra dafür an Fitness- und Recreation-Skates montierten Bremsgummi. Sie verlagern Ihr Körpergewicht vor Beginn des Bremsvorgangs auf den Skate ohne Bremsgummi, schieben den Bremsskate nach vorn, kippen diesen über die letzte Rolle nach hinten ab und geben zunehmend Druck auf den Bremsgummi. Je nach Geschwindigkeit und zur Verfügung stehendem Bremsweg können Sie sogar

[1] siehe Hilgert 1996, Schulz 1996
[2] siehe Ladig/Rüger 1999

Ihr ganzes Körpergewicht auf den Bremsskate bringen und mit dem anderen Skate den Boden verlassen. Diese Bremstechnik sollte jeder Fitness-Skater bei jeder Geschwindigkeit beherrschen. Sie ist auch bei annähernd maximalen Geschwindigkeiten bei sauberer Durchführung einsetzbar. Grundvoraussetzung ist das sichere einbeinige Gleiten.

Schneepflug: Bremsen im Schneepflug ist eine effektive Technik, um aus moderaten Geschwindigkeiten zum Stehen zu kommen. Dabei fahren Sie mit den Skates auseinander und üben über die Ferse Druck nach außen aus. Diesen Druck verstärken Sie zunehmend, während Ihre Fußspitzen aufeinander zubewegt werden und die Rollen schließlich zum Stehen kommen. Neben dem Einsatz bei moderaten Geschwindigkeiten wird der Schneepflug im Fitnessbereich häufiger zur Reduktion der Geschwindigkeit genutzt, ohne vollständig zum Stehen zu kommen.

T-Brake, Abschwingen: Im sportlichen Skaten bewährte Bremstechniken sind der T-Brake und das Abschwingen bzw. eine Kombination aus beiden. Beim T-Brake bremsen Sie, indem Sie das Körpergewicht vollständig auf das Gleitbein verlagern und den anderen Skate mit der Schiene quer zur Fahrtrichtung hinter dem Gleitbein ausrichten. Dabei gilt es zu beachten, dass Sie im Schulter- und Rumpfbereich genügend Spannung aufbauen, um durch das Abbremsen mit den Rollen nicht aus der Fahrtrichtung zur Seite verdreht zu werden.

Schneepflugbremse

T-Brake

Abschwingen

Das Abschwingen beinhaltet das Fahren einer scharfen Kurve quer zur Fahrtrichtung, bei der der bogenäußere Skate sehr weit vom bogeninneren entfernt und mit fortschreitender Bogenfahrt zunehmend belastet wird. Dies geht bis zur nahezu vollständigen Streckung des bogenäußeren Beins in extremer Kurvenlage. Die Arme wirken stabilisierend und das Gleichgewicht erhaltend.
Die Kombination aus T-Brake mit anschließendem Abschwingen ermöglicht das sichere und effektive Abbremsen aus Höchstgeschwindigkeiten und ist deshalb im Fitness- und vor allem im Speedbereich weit verbreitet. Dies hängt auch damit zusammen, dass Speed-Skates mit fünf Rollen keinen Bremsstopper besitzen und selbst viele Fitness-Skater den Bremsstopper aufgrund seines »störenden« Charakters beim Kurvenfahren abmontieren.

Auch bei souveräner Beherrschung aller Bremstechniken sollten Sie nie vergessen: Sie haben einen langen Bremsweg, und eine Vollbremsung auf kürzeste Distanz ist bei hohen Geschwindigkeiten kaum möglich.

In jedem Fall ist es ratsam, beim Fitness-Skating mit allen Sinnen wachsam zu sein und »vorausschauend« zu skaten. Dabei gilt es, die Umgebung im Auge zu behalten und mögliche Gefahren und Hindernisse frühzeitig zu erkennen. Vorsicht ist in diesem Falle mit Rücksicht gleichzusetzen.
Zum sicheren Skaten gehört nicht nur die richtige Bremstechnik, sondern auch das sichere Stehen, Rollen und Gleiten auf Skates. Gezieltes Fitnesstraining sollten Sie erst beginnen, wenn Sie den Kopf frei von permanenten Sturzgedanken haben und Ihre Muskulatur von einer »Dauerkontraktion« beim Skaten in einen Gleichgewichtszustand aus notwendiger Spannung und angenehmer Entspannung überführen konnten. Dies beinhaltet, dass Sie mit unterschiedlichen Belägen ebenso zurechtkommen sollten wie mit leichten Bergauf- und Bergabstrecken.

Protektion

Protektionsbekleidung ist im Fitness- und Speed-Skating nach der optimalen Skate-Technik der zweite wichtige Faktor zur Reduzierung des Verletzungsrisikos. Wie im Kapitel über die richtige Ausrüstung schon angesprochen, zählen zu einer vollständigen Schutzausrüstung Helm und Gelenkprotektoren (Hand-, Knie-, Ellbogengelenk). Sie sollten sich dessen bewusst sein, dass vor allem der Helm vor schwer wiegenden Verletzungen im Bereich des Kopfes schützen kann. Bei Geschwindigkeiten, die an die des Radfahrens heranreichen, sind Kopfverletzungen nie auszuschließen. Eitelkeit ist hier fehl am Platz – auch bei einem Sturz mit 25 Stundenkilometern ist Ihre Frisur dahin!

Protektion: Auch der Helm gehört dazu

Bei den Gelenkschonern ist aus der sportlichen Anwendung bekannt, dass nur die Wrist-Guards wirklich häufig zum Einsatz kommen. Knie- und Ellbogenschoner werden eher selten eingesetzt – je höher das Leistungsniveau, desto seltener. Unterstützen sollten Sie diesen Trend nicht, vor allem nicht, wenn Sie sich auf öffentlichen Wegen befinden und andere Verkehrsteilnehmer Ihre Bahnen kreuzen.

Sicher Skaten – mit richtiger Technik und Schutzausrüstung

Tipp: Sicheres Fahren

Benutzen Sie Ihre Inline-Skates ruhig mal als Fortbewegungsmittel im Alltag. Sie sind dann dazu gezwungen, Hindernisse, unebene Strecken, Kopfsteinpflaster und andere Un»weg«barkeiten zu meistern. Außerdem werden Sie Ihre Position auf den Skates sehr schnell als »natürlich« ansehen, sodass Ihre Bewegungssicherheit und Ihr Bewegungsvertrauen geschult und verbessert werden.

Tipps und Techniken von Profi-Skatern

Das Kraftfeld – die Power Box

Hohe Geschwindigkeiten im Fitness- und Speed-Skating können nur erzeugt werden, wenn der Abdruck so effektiv wie möglich gestaltet wird. Neben der Abdruckrichtung, dem Gesamtkörpereinsatz und der Knie- und Hüftstreckung entscheidet der Kniewinkel zu Beginn der Abdruckbewegung über das Ausmaß der für den Vortrieb wirksamen Energie. Mit einer stärkeren Kniebeugung senken

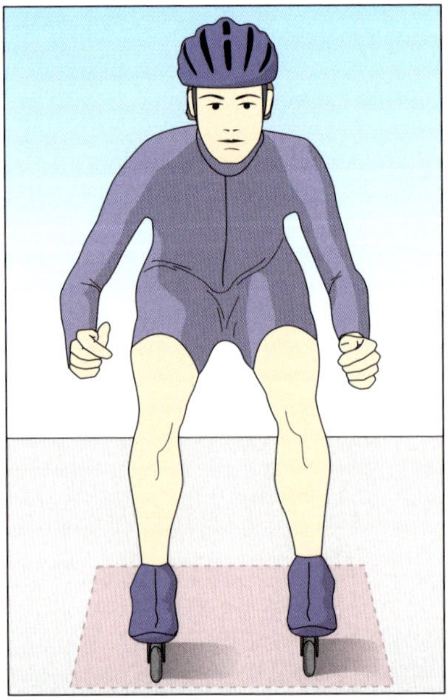

Das optimale Feld für die Kraftentwicklung: die Power Box

Sie den Körperschwerpunkt ab und verlängern gleichzeitig den Weg des Abdruckbeins zur Seite. Zusätzlich – und das ist der entscheidende Faktor – ist die Oberschenkelmuskulatur bei einer Kniegelenkstellung von 100–120° in der Lage, am meisten Kraft auf die Straße zu bringen. Je weiter Sie strecken, desto weniger Kraft können Sie während der Streckung erzeugen. Weiterhin gilt es zu beachten, dass die Leistung der Beinmuskulatur neben der erzeugten Kraft auch von der Geschwindigkeit abhängt, mit der die Kraft entwickelt wird (Leistung = Kraft x Geschwindigkeit). Hohe Muskelkräfte können nur mit geringer Geschwindigkeit, niedrige Kräfte mit entsprechend höherer Geschwindigkeit erzeugt werden.
Für den Abdruckvorgang hat das folgende Konsequenz: Es existiert ein nahezu optimaler Bereich, in dem der Abdruck am effektivsten ist. Dieser Bereich lässt sich als imaginäres, auf den Boden projeziertes Rechteck beschreiben, welches die Skates umgibt, wenn man sich in der Grundposition befindet. Die Speed-Skater nennen diesen Bereich Kraftfeld bzw. Power Box. Je nach Beinlänge und Kniebeugung hat das Kraftfeld eine Breite, die die Skates zu beiden Seiten um je 10–30 Zentimeter überragt.
Der Rest der Abdruckbewegung, der über das Kraftfeld hinausgeht, trägt nur noch wenig zum Vortrieb bei. Im Sinne einer Kosten-Nutzen-Rechnung macht es also Sinn, wenn Sie zu Beginn des Abdrucks möglichst viel

Energie einsetzen. Dies ist auch ein Grund, warum gute Fitness- und Speed-Skater das Aufsetzen des Gleitbeins lange hinauszögern. Denn so lastet noch das ganze Körpergewicht zu Beginn des Abdruckvorgangs auf dem Abdruckbein und kann für den Vortrieb genutzt werden.

Tipp: Power Box

Setzen Sie im ersten Drittel des Abdruckvorgangs viel Energie bei kontrollierter Abdruckgeschwindigkeit und in den beiden letzten Dritteln weniger Energie mit zunehmender Geschwindigkeit ein.

Der Double Push

Die Technik des Speed-Skatings im Leistungs- und Wettkampfbereich hat sich seit der Einführung der Inline-Skates als Nachfolger der konventionellen Rollschuhe deutlich weiterentwickelt. Zunächst wurde in Anlehnung an das Eisschnelllaufen dessen Bewegungsablauf weitgehend übernommen und auf die spezifischen Bedingungen des Rollens und Gleitens auf der Straße abgestimmt. Dabei kristallisierte sich sehr schnell der wesentlichste Unterschied zwischen beiden Disziplinen heraus: die unterschiedlichen Reibungskräfte.
Nicht nur, dass diese beim Inline-Skating sehr viel höher sind, sie sind auch aufgrund der unterschiedlichen Asphaltierungen sehr variabel. Im Eischnelllauf sind bei konstanter Eistemperatur die Reibungskräfte relativ identisch und bilden zusammen mit dem Luftwiderstand den Gesamtwiderstand, den es als Sportler durch aktiven Krafteinsatz zu überwinden gilt. Das Verhältnis von Gleitwiderstand zu Luftwiderstand kann im Eislaufen nach wissenschaftlichen Untersuchungen auf etwa 20% zu 80% geschätzt werden. Im Inline-Skating gibt es noch keine solche Einschätzung, auch nicht für einen bestimmten Typ von Straßenasphaltierung. Dennoch kann man abschätzen, dass das Verhältnis deutlich zu Gunsten des Rollwiderstands verschoben wird. Das veranlasst Inline-Skater dazu, wesentlich höhere Schrittfrequenzen und kürzere Gleitphasen zu nutzen. Der Geschwindigkeitsverlust durch das statische Gleiten ist so hoch, dass eine zusätzliche Druckentwicklung in der Gleitphase wünschenswert ist.
Eben dies geschieht beim so genannten Double Push, der neben dem konventionellen Abdruck auf der Innenkante der Rolle von der Körpermitte weg zur Außenseite einen weiteren Abdruck des Gleitbeins auf der Außenkante der Rolle zur Körpermitte hin beinhaltet.
Der Double Push ist aber nicht aus solch theoretischen Hintergründen entstanden, sondern geht auf die praktische Erprobung weniger Athleten zurück. Der Amerikaner Chad Hedrick, der noch heute als einer der schnellsten Speed-Skater der Welt auf Straßen und Skating-Bahnen unterwegs ist, führte die neue Technik

Die Bewegungsphasen des Double Push (Abb. 1–6)

1993 anlässlich der Nordamerikanischen Junioren-Meisterschaften dem staunenden Publikum vor und avancierte 1994 und 1995 zum Top-Skater der Weltmeisterschaften. Er selbst gibt an, dass diese Form der Fortbewegung auf Skates für ihn natürlich und naheliegend war und immer noch ist und nicht aufgrund der besonderen Rolleigenschaften beim Speed-Skating von ihm erfunden wurde. Dennoch wird der Double Push genau der beschriebenen Problematik des hohen Rollwiderstandes gerecht. Die Bildserie verdeutlicht die Gemeinsamkeiten und Unterschiede zur klassischen Technik.
Die Bewegungssequenz beginnt mit dem Abdruck auf der Rolleninnenseite nach außen (Abb. 1). Das Gleit-

bein hat mittig aufgesetzt und ist bereit, eine weitergehende Gewichtsverlagerung aufzunehmen und diese auf die Rollenaußenkante zu übertragen (Abb. 2). Das Gleitbein erfährt durch die Gewichtsverlagerung und den aktiven Muskeleinsatz eine Druckentwicklung über die Rollenaußenkante in Richtung Körpermitte. Das Abdruckbein hat währenddessen den Boden verlassen und geht in die Beiziehphase über, obwohl das Gleitbein weiter in Richtung Körpermitte Druck entwickelt (Abb. 3). Das Abdruckbein wird von hinten unter den Körper geführt, während das Gleitbein von der Rollenaußenkante auf die Rolleninnnenkante kippt (Abb. 4). Dieser Wechsel findet innerhalb kürzester Zeit statt, um das statische

Skate-Verlauf bei der Double-Push-Technik (rechtes Bein)

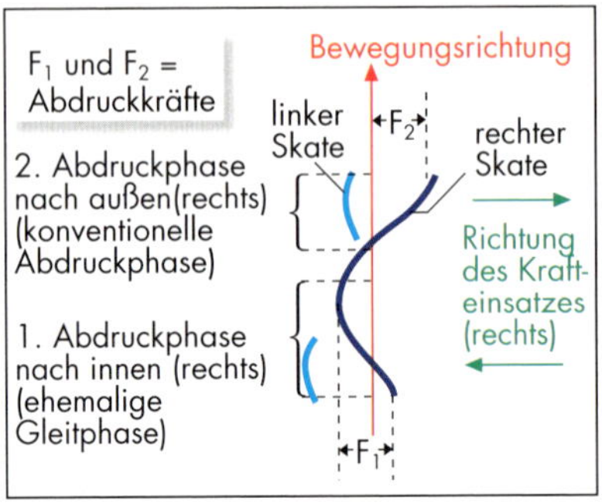

Verharren und Gleiten möglichst kurz zu halten. Das Gleitbein wird nun zum Abdruckbein und beginnt aktiv über die Rolleninnenkante nach außen zu drücken (Abb. 5). Das ehemalige Abdruckbein wird anschließend zentral und mittig unter dem Körper aufgesetzt und übernimmt die Funktion des Gleitbeins für den nächsten Bewegungszyklus (Abb. 6). Dieser beginnt wieder mit einem kräftigen Abdruck, nun zur entgegengesetzten Außenseite.

Als Gesamtbewegung erhält man einen Verlauf, der einer Kurvenfahrt auf der Geraden ähnelt. Dabei beschreiben die Skates eine S-förmige Kraftlinie auf dem Boden (siehe Grafik oben).

Die Grundlagen des Double Push sind dieselben wie die der klassischen Technik: Entscheidend sind die Skating-Position, die Gewichtsverlagerung und der Abdruck, der sich in diesem Fall aus zwei Druckentwicklungen zusammensetzt. Die Kunst eines effektiven Double Push liegt darin, das Körpergewicht so weit über das Gleitbein nach außen zu verlagern, dass ein großer Teil des zusätzlichen Abdrucks zur Körpermitte nahezu »von selbst« entsteht. Der Vorteil im Vergleich zur klassischen Skate-Technik liegt neben der zusätzlichen Beschleunigung in einer gleichmäßigeren Be- und Entlastung der Muskulatur im dynamischen Fall, ohne dieses Wechselspiel durch eine rein statische Belastung während der Gleitphase zu unterbrechen.

Der Double Push ist von der Bewegung her vergleichbar mit dem gleichmäßigen Pedalieren beim »runden Tritt« des Radfahrens. Auch dort gehen Druck- und Zugphase nahtlos ineinander über.

Auch für Fitness-Skater ohne Wettkampfambitionen ist diese Technik insofern interessant und erstrebenswert, dass sie durch zusätzlich beanspruchte Muskelgruppen und den schwierigen technischen Ablauf Kondition und Koordination in höchstem Maße fördert.

Tipp: Double Push

Den Einstieg in den Double Push können Sie Stück für Stück über die Basisübungen aus diesem Kapitel schaffen, wobei Sie besonderen Wert auf das Kurvenfahren bzw. die Kurvenlage legen sollten. Versuchen Sie auch auf gerader Strecke beim Einbeinfahren eine leichte Kurvenlage einzunehmen, um Druck auf der Außenkante zur Körpermitte zu verspüren; dann sind Sie auf dem richtigen Weg.

Inline-Workout – Skaten Sie sich fit!

In diesem Kapitel sollen Möglichkeiten aufgezeigt werden, wie Sie durch Inline-Skating gezielt Ausdauer und Kraft trainieren können – und zwar auf erlebnis- und abwechslungsreiche Art und Weise. Koordination und Gleichgewicht werden dabei aufgrund der Rolleigenschaften der Skates automatisch mit geschult und können durch ein konsequentes Technik- und Gleichgewichtstraining noch verstärkt entwickelt werden.
Die Intensität der Trainingseinheiten richtet sich nach dem Trainingsziel und wird anhand der im Kapitel »Ihre persönliche Trainingsbelastung« angeführten Möglichkeiten gesteuert.
Zunächst geht es um den Muskeleinsatz beim Inline-Skating. Die Grafik auf S. 70 veranschaulicht die Hauptmuskelgruppen, die dabei beansprucht werden, sowie deren anatomische Lage. Dazu gehören der gesamte Unterschenkel, die vordere und hintere Oberschenkelmuskulatur, die Adduktoren und Abduktoren, die Gesäß- und Rumpfmuskeln sowie die Bauch- und Rückenmuskulatur. Gering belastet werden durch den Armschwung und die Stabilisationsfunktion die Schulter- und Nackenmuskulatur.
Wie funktionieren Ihre Muskeln beim Skaten? Während des Fitness-Skating-Schritts muss vor allem die Rumpf-, Bauch- und Rückenmuskulatur statische Arbeit verrichten. Diese Muskelgruppen gewährleisten eine stabile Körperposition, die kaum verändert wird. Aber auch die vordere und hintere Oberschenkelmuskulatur und das Gesäß müssen in der Gleitphase statisch arbeiten, um das Gleiten in Fahrtrichtung in der Grundposition zu ermöglichen.
Dynamisch überwindend arbeitet die Beinstreckmuskulatur beim Abdruck und sorgt damit für den Vortrieb beim Skaten. Dynamisch nachgebende Muskelarbeit müssen Sie aufgrund der gleitenden Fortbewegung beim Fitness-Skating nicht verrichten. Eine Ausnahme bilden die Abduktoren beim Double Push, die durch das Drücken nach innen dynamisch-nachgebend arbeiten.
Wie stark Sie Ihre Muskeln beanspruchen, hängt wesentlich von der Körperposition, der Technik und der Ge-

Beim Fitness-Skating werden mehrere Muskelbereiche gefordert

Die beim Fitness-Skating beanspruchte Muskulatur

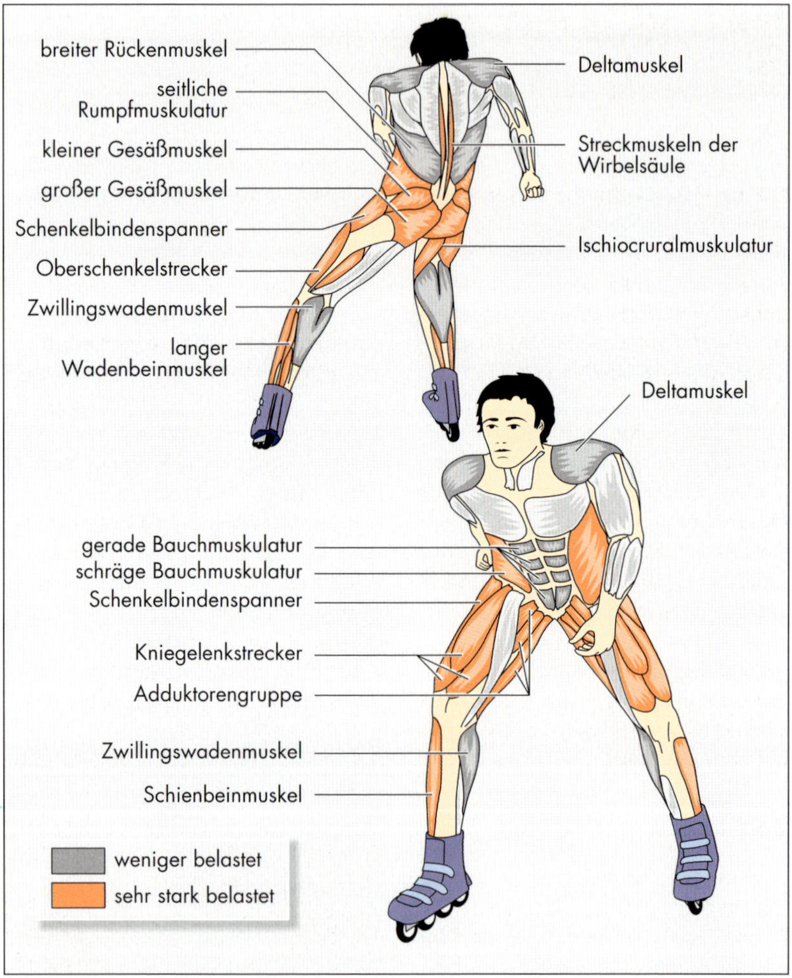

schwindigkeit ab. Durch die mehr oder minder starke Beugung in allen Gelenken im Fitness- und Speed-Skating ist Skaten als Kraftausdauersportart anzusehen, da wiederholt über einen längeren Zeitraum mehr als 30% der maximal zur Verfügung stehenden Kraft eingesetzt werden müssen. Dies bedeutet, dass Sie schon durch einfache Veränderungen in Ihrer Position auf den Inline-Skates und durch Variation der Geschwindigkeit Ihre Ausdauer- und Kraftfähigkeiten gezielt trainieren können.

Warm-up, Cool-down, Stretching

Warm-up

Vor bzw. zu Beginn jeder Trainingseinheit sollten Sie in jedem Fall eine Aufwärmphase absolvieren. Das Aufwärmen bringt den Kreislauf in Schwung, verstärkt die Durchblutung der Muskulatur und hebt die Körpertemperatur an. Dadurch werden Sie sowohl physisch als auch psychisch auf die nachfolgende sportliche Betätigung eingestimmt, wodurch das Verletzungsrisiko deutlich abnimmt. Durch die Anhebung der Körpertemperatur werden Muskeln und Sehnen geschmeidiger und elastischer; Stoffwechselprozesse können ökonomischer ablaufen. Als Warm-up genügt im Regelfall eine Dauer von ca. 10–15 Minuten, die Sie als lockeres Skaten mit niedriger Belastungsintensität bestreiten können.

Cool-down

Ähnlich wie vor dem Training sollten Sie auch nach einer Trainingseinheit Ihren Körper optimal auf die nachfolgende Situation vorbereiten; in diesem Fall ist das der Regenerations- und Wiederherstellungsprozess. Je nach Belastungsform, -umfang und -intensität müssen Stoffwechsel und Muskulatur mehr oder weniger stark beruhigt werden. Das funktioniert am besten durch ganz leichte sportliche Betätigung. Dadurch wird das Immunsystem angeregt, und entstandene »Abfallprodukte« können durch den Einsatz der Muskelpumpe schneller abgebaut werden. Die Folge sind ein verbesserter Regenerationsprozess und eine frühzeitige Wiederherstellung der maximalen Leistungsfähigkeit.

Stretching

Die Erhaltung der körperlichen Beweglichkeit garantiert, dass Sie Ihre Gelenke durch den vollen funktionellen Bewegungsbereich führen können. Stretching bzw. Dehnungsgymnastik ist eine adäquate Methode, dies zu tun. Durch Stretching sorgen Sie dafür, dass Ihre Muskulatur geschmeidig bleibt und im jeweiligen Gelenk ohne unnötigen Widerstand arbeiten kann. Dies ist nicht nur mit entscheidend für Ihre Leistungsfähigkeit, sondern schützt auch vor unliebsamen muskulären Verspannungen und Verhärtungen. Diese haben ihre Ursache meist in der permanenten Überlastung der Muskulatur, die mit einer entsprechenden Verkürzung und einer zu hohen Muskelspannung einhergeht. Beides schränkt die Beweglichkeit im zugehörigen Gelenk ein und verursacht Schmerzen bei der Bewegungsausführung. Durch regelmäßiges Stretching und aktive Mobilisation des muskulären Gegenspielers (Antagonist) lässt sich Muskelspannung herabsetzen und eine Verkürzung beheben.
Man unterscheidet verschiedene Formen des statischen Stretchings,

nämlich die aktive und die passive Durchführung. Das aktive Dehnen nutzt die so genannte reziproke Hemmung der Muskulatur durch die Aktivität des Gegenspielers. Sie dehnen in diesem Fall, indem Sie den Gegenspieler am jeweiligen Gelenk aktiv anspannen. Dies sorgt dafür, dass der zu dehnende Muskel per Reflex nachgibt und somit gedehnt wird.

Die richtige Durchführung des statischen aktiven Stretchings erfordert jedoch ein gewisses Maß an Übungserfahrung.

Das statische passive Dehnen ist die einfachste Form des Stretchings und beinhaltet schlicht, dass Sie eine Dehnung durch Einwirkung äußerer Kräfte realisieren.

Allgemeine Hinweise zur Bewegungsausführung:

- Stretchingübungen sind nur dann effektiv, wenn Sie die richtige Körperposition einnehmen. Es gilt: Bewegungsqualität geht vor Bewegungsquantität.
- Führen Sie die Übungen immer langsam durch und vermeiden Sie ruckartige oder wippende Bewegungen.
- Konzentrieren Sie sich auf die Übungen und auf die zu dehnende Muskelgruppe.
- Dehnen Sie nur so weit, bis Sie ein deutliches Ziehen im Muskel als Widerstand verspüren. Auf keinen Fall sollten Sie die Schmerzgrenze erreichen bzw. überschreiten.
- Halten Sie die Dehnung etwa 15–20 Sekunden und wiederholen Sie den Vorgang wenige (2–4) Male.
- Gibt die Muskulatur während der Übung nach, so können Sie die Dehnung gegen Ende verstärken.
- Atmen Sie während der Übungen ruhig und regelmäßig.

Im Folgenden werden ausgewählte Stretchingübungen vorgestellt, die die primäre Skating-Muskulatur betreffen und deshalb besonders wichtig sind. Es wurden bewusst Übungen in Bildform gewählt, die leicht nachvollziehbar und schnell in Ihre Trainingsroutine integrierbar sind.

Sie können die Übungen vor und nach dem Fitness-Skating durchführen. Achten Sie darauf, dass Sie vor einem intensiven Training das Stretching nicht übertreiben, da die notwendige Muskelspannung für intensive Belastungen sonst verloren gehen kann.

Nehmen Sie sich nach einer Fitnesseinheit um so mehr Zeit für das Stretching, um den Regenerationsprozess zu beschleunigen und Verspannungen zu vermeiden.

Alle Übungen können auch mit Inline-Skates absolviert werden. Dabei sollten Sie aber einen derart sicheren Stand haben, dass Sie sich ausschließlich auf die Übungen konzentrieren können und somit die Bewegungsausführung nicht darunter leidet. Nach einem ermüdenden Training ist es deshalb ratsam, die Skates auszuziehen.

Die Übungsreihenfolge ist chronologisch von oben nach unten angeordnet, was jedoch nicht verbindlich ist.

Stretchingübung 1: Halsmuskulatur
Im aufrechten Stand lassen Sie die Schultern entspannt nach unten hängen. Fassen Sie mit einer Hand seitlich über den Kopf und ziehen Sie diesen langsam zur Seite, ohne eine Drehung hervorzurufen.

Stretchingübung 2: Armstreckmuskulatur
Verschränken Sie beide Arme hinter dem Kopf und umfassen Sie mit einer Hand den Ellbogen des anderen Armes. Ziehen Sie diesen hinter dem Rücken nach unten.

Stretchingübung 3: Brust- und Armbeugemuskulatur
Suchen Sie sich eine Wand oder einen Partner als Widerlager und legen Sie im aufrechten Stand frontal einen gestreckten Arm in Schulterhöhe dagegen. Drehen Sie sich anschließend um 90° mit dem gesamten Körper gegen Ihr Widerlager.

Stretchingübung 4: Schultermuskulatur
Ziehen Sie aufrecht stehend mit einem Arm den anderen gestreckt vor der Brust am unteren Teil des Oberarms zur Gegenschulter.

Stretchingübung 5: Untere Rückenmuskulatur
Lassen Sie in aufrechter Stellung Arme, Schultern und Kopf locker hängen. Rollen Sie anschließend Wirbel für Wirbel nach unten auf, bis Sie mit Ihrem Kopf in Kniehöhe sind.

Stretchingübung 6: Gesäßmuskulatur
Legen Sie sich mit dem Rücken auf eine weiche Unterlage auf den Boden und umfassen Sie zunächst mit den Händen die Knie. Ziehen Sie anschließend beide Knie in Richtung Brust und umschließen Sie diese mit den Unterarmen, sodass beide Oberschenkel parallel verlaufen und die Knie eng beisammen sind.

Stretchingübung 7: Gesäßmuskulatur
Stellen Sie sich in aufrechter Position in den sicheren Einbeinstand, umfassen Sie ein Knie mit beiden Händen und ziehen Sie dieses in Richtung Brust. Spannen Sie dabei die Bauchmuskulatur an und vermeiden Sie eine Hohlkreuzbildung. Wechseln Sie anschließend das Bein und wiederholen Sie den Vorgang.

Stretchingübung 8: Hüftbeugemuskulatur
Machen Sie einen weiten Ausfallschritt nach vorn und lassen Sie das hintere Bein annähernd gestreckt. Versuchen Sie, mit aufgerichtetem Oberkörper die Hüfte nach vorn zu schieben bzw. vollständig aufzurichten. Dabei können Sie sich mit den Händen auf dem Oberschenkel des vorderen Beins aufstützen.

Stretchingübung 9: Innere Beinabspreizmuskulatur (Adduktoren)
Begeben Sie sich in den Seitgrätschstand und gehen Sie in die Hocke. Dabei können Sie sich mit den Händen auf dem Oberschenkel des vorderen Beins aufstützen.

<u>Stretchingübung 10: Innere Beinabspreizmuskulatur (Adduktoren)</u>
Setzen Sie sich auf den Boden und stellen Sie die Fußsohlen aneinander. Nehmen Sie eine aufrechte Position ein, indem Sie den Brustkorb herausstrecken und sich mit beiden gestreckten Armen am Boden abstützen. Entspannen Sie die Beinmuskeln und lassen Sie die Knie nach außen fallen. Zur Verstärkung der Dehnung drücken Sie die Knie aktiv nach unten.

<u>Stretchingübung 11: Äußere Beinabspreizmuskulatur (Abduktoren) und seitliche Rumpfmuskulatur</u>
Auf dem Boden sitzend legen Sie ein Bein vollständig gestreckt auf. Überkreuzen Sie das gestreckte Bein mit dem anderen und stellen Sie dieses in Kniehöhe auf. Drehen Sie den Oberkörper in aufrechter Position zur Seite, stützen Sie sich auf einem ausgestreckten Arm am Boden ab und drücken Sie mit dem anderen Arm gegen Ihr Knie. Den Kopf drehen Sie mit den Schultern mit, die immer in einer Achse bleiben sollten. Wechseln Sie anschließend das Bein und wiederholen Sie den Vorgang.

<u>Stretchingübung 12: Vordere Oberschenkelmuskulatur</u>
Stellen Sie sich in den sicheren Einbeinstand und ergreifen Sie mit beiden Händen einen Fuß. Ziehen Sie diesen langsam bis an das Gesäß, wobei die Oberschenkel parallel bleiben. Achten Sie darauf, dass Sie kein Hohlkreuz machen. Schieben Sie die Hüfte durch aktiven Einsatz der Gesäßmuskulatur nach vorn und stabilisieren Sie währenddessen mit der Bauch- und Rückenmuskulatur. Wechseln Sie anschließend das Bein und wiederholen Sie den Vorgang.

Stretchingübung 13: Hintere Oberschenkel- bzw. Beinmuskulatur

Gehen Sie in leichte bis mittlere Schrittstellung. Geben Sie mit dem hinteren Bein nach und senken Sie das Gesäß etwas ab, während das vordere Bein gestreckt und die Oberschenkel parallel bleiben. Je nach Dehnungsintensität und Beweglichkeit beugen Sie sich anschließend nach vorn und ziehen die Fußspitze mit Hilfe des Schienbeinmuskels aktiv an. Wechseln Sie das Bein und wiederholen Sie den Vorgang.

Stretchingübung 14: Wadenmuskulatur

Suchen Sie sich einen Randstein und stellen Sie sich in aufrechter Position in leichter Schrittstellung auf ihn. Platzieren Sie einen Fuß mit dem Fußballen oberhalb der Kante des Randsteins und strecken Sie das Bein durch. Das andere Bein ist dabei leicht gebeugt und dient nur als Stütze. Ihr gesamtes Körpergewicht lastet auf dem gestreckten Bein, und Sie versuchen, die Ferse auf die Straße zu drücken. Wechseln Sie anschließend das Bein und wiederholen Sie den Vorgang.

Stretchingübung 15: Schienbeinmuskulatur

Stellen Sie sich in aufrechter Position in leichter Schrittstellung auf einen Randstein. Fixieren Sie eine Fußspitze am Randstein und versuchen Sie, den Unterschenkel nach vorn zu ziehen. Wechseln Sie anschließend das Bein und wiederholen Sie den Vorgang.

Ausdauertraining auf Inline-Skates

Ausdauertraining verbinden viele Menschen mit lang andauernden, monotonen Belastungen ohne große Abwechslung. Das muss nicht so sein, sondern hängt wesentlich von der Gestaltung Ihres Trainings ab. Gerade das Inline-Skating ist ein Beispiel für ein abwechslungs- und erlebnisreiches Ausdauertraining unter freiem Himmel und bietet vielfältige Möglichkeiten, Ihre Ausdauer zu verbessern.

Easy Skating – aktive Regeneration auf Rollen

Nach einem anstrengenden Arbeitstag oder einem vorangegangenen harten Trainingstag, der Sie regelrecht ausgelaugt hat, kommt Ihnen eine leichte sportliche Ausdauerbelastung besonders zugute. Ihr Herz-Kreislauf-System wird dabei in moderater Form in Schwung gebracht, Ihre Durchblutung verbessert, Verspannungen durch wenig Bewegung und schlechte Haltung werden abgebaut, körpereigene Reparaturmechanismen werden angeregt. Sie erlangen neue Energie für weitere Aufgaben. Easy Skating als lockeres Rollen und Gleiten auf Inline-Skates mit geringer Anstrengung bietet sich in diesem Zusammenhang geradezu an. Es ist ein optimales regeneratives Gesundheitstraining, macht Spaß und bringt neuen Schwung.

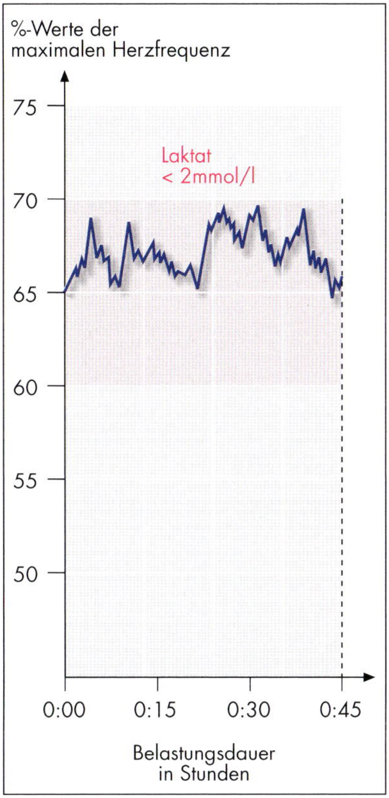

Der Herzfrequenzverlauf beim Easy Skating

Beachten Sie dabei, dass Sie sich wirklich nur moderat belasten. Kontrollorgan sollte wie bei jeder Ausdauerbelastung Ihre Herzfrequenz sein. Diese sollte zwischen 60 und 70 % Ihrer individuellen Hf_{max} liegen, was dem Regenerationsbereich entspricht. Lassen Sie sich einfach treiben und genießen Sie die Umgebung. Schalten Sie ab und geben Sie sich dem Fluss des leichten Gleitens hin. Nach einer Belastungsdauer von 20–45 Minuten haben Sie einiges für Ihr körperliches Wohlbefinden getan. Länger sollte diese Trainingseinheit nicht dauern, damit Sie entspannt und belebt den Rest des Tages bestreiten und den Arbeitsstress abschütteln können.

Dauerskaten – Rollen, bis die Pfunde purzeln

Die häufigste Ausdauertrainingsform für Fitness-Skater ist das gleichmäßige Gleiten über einen längeren Zeitraum. Vom gemütlichen Skaten mit geringer Belastung bis zum hochintensiven Speed-Skating ist alles möglich. Für Fitness-Skater ist die moderate Gangart mit niedriger bis mittlerer Intensität zu bevorzugen. Dies hilft nicht nur bei der Entwicklung der Grundlagenausdauer, sondern hat auch weitreichende gesundheitsfördernde Effekte wie die Verbesserung der Durchblutung und somit der Sauerstoffversorgung des gesamten Körpers und die vermehrte Produktion von aeroben, den Stoffwechsel ankurbelnden Enzymen. Zusätzlich können der Fettstoffwechsel in Schwung gebracht und ungeliebte Fettpolster abgebaut werden. Das langsame Dauerskaten bildet zusätzlich das Grundgerüst für jede intensivere Belastungsform und sollte einen Großteil Ihres Gesamttrainings umfassen. Der Gesundheitssportler bestreitet sogar nahezu alle Trainingseinheiten als lockeres Dauerskaten.

Tipp: Fettstoffwechseltraining

Auch wenn es schwer fällt: Dauerskaten im Grundlagenbereich vor dem Frühstück ist besonders effektiv für ein Training des Fettstoffwechsels! Die in Form von Glykogen gespeicherten Kohlenhydrate sind schneller verbraucht, da die letzte Mahlzeit mindestens 8–10 Stunden zurückliegt. Deshalb gelangen Sie früher in den Bereich der Fettverbrennung.

Grundlagenausdauer und Fettstoffwechsel werden nur dann optimal entwickelt, wenn Sie nicht zu schnell skaten.

Das liegt daran, dass der Fettstoffwechsel nur langsam in Gang kommt und der Kohlenhydratstoffwechsel bei höherer Intensität deutlich überwiegt. Die richtige Belastungsintensität für grundlagenorientiertes Dauerskaten liegt deshalb im Bereich von 70–80 % Ihrer Hf_{max}. Eine typische Trainingseinheit für gleichmäßiges Dauerskaten mit Betonung des Fettstoffwechsels wäre das Skaten über zwei Stunden mit ca. 70 % der Hf_{max} auf einer wenig profilierten, gut asphaltierten Strecke.
Machen Sie sich Folgendes bewusst:

- Zügeln Sie Ihr Tempo und erliegen Sie nicht dem Rausch der Geschwindigkeit; Ihre Herzfrequenz bestimmt das Tempo.
- Fahren Sie in der Fitness-Skating-Position, also nicht zu tief gebeugt.

Je tiefer Sie gehen, desto höher wird die statische Belastung für die Beinmuskulatur und den Rücken. Es wird Ihnen schwer fallen, über einen langen Zeitraum entspannt zu skaten.

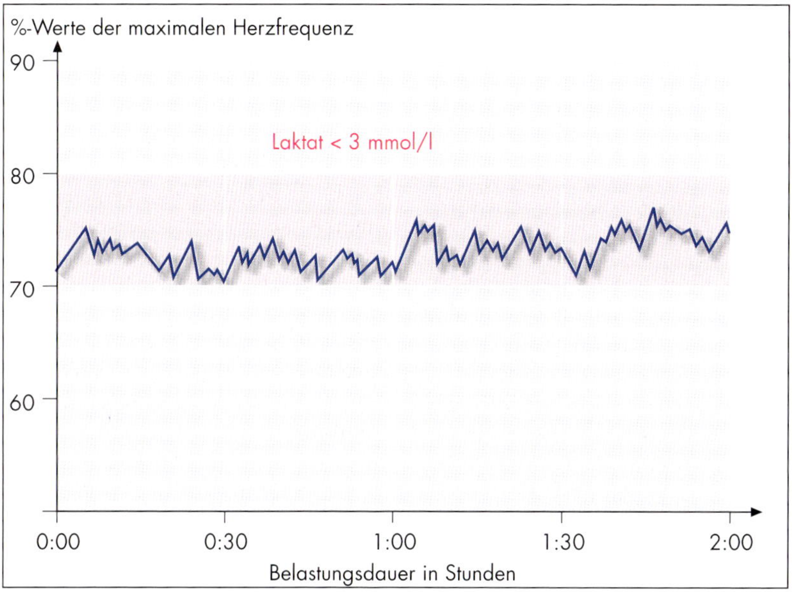

Der Herzfrequenzverlauf beim Dauerskaten im Fettstoffwechsel

- Außerdem steigt Ihre Herzfrequenz bei gleich bleibender Sauerstoffaufnahme mit tieferer Körperposition deutlich an. Es wird dann schwieriger, mit relativ niedriger Herzfrequenz zu skaten.

Bei einer solchen Trainingseinheit können Sie fast so viele Kalorien pro Stunde umsetzen wie beim Laufen – und, je nach Trainingszustand, jede Menge davon aus Fetten.

Fahrtspiel – Fitness durch Tempowechsel

Neben einer guten Ausdauergrundlage braucht Ihr Körper auch ab und an eine Alternative zu der gleichmäßigen niedrigen Belastungsintensität, damit sich Ihre Fitness weiterentwickeln kann. Dies können Sie besonders gut mit einem Fahrtspiel verwirklichen. Dabei setzen Sie verschieden starke Trainingsreize durch das Spiel mit wechselnden Geschwindigkeiten. Zwingen Sie Ihren Organismus mit einem Fahrtspiel ruhig einmal dazu, schnell reagieren und sich immer wieder neu anpassen zu müssen. Die Folge ist schon nach wenigen, gezielt eingesetzten Trainingseinheiten eine erhöhte Fitness- und Leistungsfähigkeit beim Skaten.

Hinzu kommt Folgendes: Fitness-Skating ist eine Disziplin, die von Natur aus dem Körper solche wechselnden Belastungen abverlangt: Rollwiderstand und Streckenprofil ändern sich häufig während einer Trainingseinheit, Sie müssen Ihre Geschwindigkeit

auf andere Verkehrsteilnehmer abstimmen, und auch der Luftwiderstand ist durch Windeinflüsse unterschiedlich. Es ergibt sich automatisch eine wechselnde Belastung für das Herz-Kreislauf-System. Die Herzfrequenz kann dabei kurzzeitig bis auf über 90% Ihrer Hf_{max} ansteigen, sollte aber den Fitnessbereich nur kurz verlassen. 50–90 Minuten als Gesamtbelastungsdauer mit maximal 20–30% am oberen Limit der Belastungsintensität (90% der Hf_{max}) machen das Fahrtspiel zur intensiven Fitnesseinheit.
Beispiel: 75 Minuten Gesamtdauer, davon 50 Minuten Fahrtspiel mit 4 Tempowechseln und Belastungen zwischen 3 und 8 Minuten (siehe Grafik unten).
Nehmen Sie die Tempowechsel in spielerischer Form vor oder passen Sie diese den Gelände- und Streckenbedingungen an. Fahren Sie z.B. schneller, wenn die Strecke frei ist, und langsamer, wenn andere Verkehrsteilnehmer auftauchen. Oder versuchen Sie, an einer leichten Steigung Ihre Geschwindigkeit zu halten und nicht langsamer zu werden. Bestimmen Sie regelmäßig in wenigen, gezielten Trainingseinheiten nach Fahrtspielart das Tempo. Sie werden erstaunt sein, wie schnell sich Ihre Fitness entwickelt.

Der Herzfrequenzverlauf beim Fahrtspiel

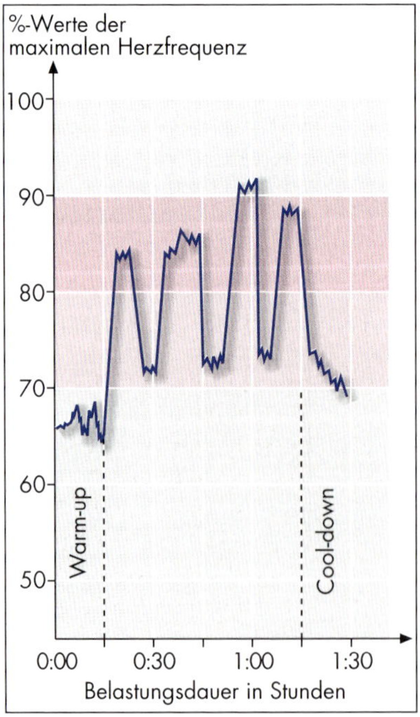

Intervalltraining – Schnelligkeit und Ausdauer für Fitness- und Speed-Skater

Das Intervalltraining wird zu Unrecht nur mit dem Hochleistungssport in Verbindung gebracht. Das gilt für das Fitness-Skating genauso wie für das Laufen. Natürlich wird Intervalltraining im Leistungs- und Hochleistungssport verstärkt eingesetzt, um Stehvermögen, Tempohärte und Willensstärke zu erwerben und um im Sinne einer Formzuspitzung eine Ausprägung der Wettkampfleistung und eine Gewöhnung an die Wettkampfgeschwindigkeit zum richtigen Zeitpunkt zu erreichen. Das bedeutet aber nicht, dass Sie als Fitness-Skater nicht vom Intervalltraining profitieren können – ganz im Gegenteil.
Intervalltraining bedeutet nichts anderes, als vorgegebene Belastungen

Das Intervalltraining ist für Speed-Skater ein Muss

mit festgelegten Pausen zu kombinieren. Die Intensität der Belastungen kann sehr unterschiedlich ausfallen und von Ihnen selbst gesteuert werden, sodass auch Fitness-Skater ein Intervalltraining absolvieren können. Sie erfahren dabei, was leichte und intensive Belastungen sind, Sie entwickeln Gefühl für Tempo und Geschwindigkeit und Sie lernen, höhere Trainingsintensitäten zu realisieren, ohne sich vollständig auszupowern. Darüber hinaus greift der Körper bei hohen Intensitäten auf einen Mechanismus der »Selbstökonomisierung« zurück. Das heißt ganz einfach, dass überflüssige, energieraubende und gleichzeitig wenig Vortrieb bringende Bewegungen oft von selbst reduziert werden, da sonst eine maximale Geschwindigkeit auf Skates gar nicht erreicht werden kann.
Intervalltraining trägt wesentlich zur Verbesserung des Laktatabbaus und zur Entwicklung der anaeroben Fähigkeiten bei. Und Sie tun etwas für Ihre Schnelligkeit, die beim aeroben Ausdauertraining eher zu kurz kommt. Sie sprechen nämlich zusätzlich schnelle Muskelfasern an, was dazu führt, dass Ihre Muskelqualität zunimmt.
Jeder Skater, der seine Fitness gezielt steigern will, kann und sollte Intervalltraining einmal ausprobieren. Voraussetzung ist allerdings, dass man über eine entsprechend hohe Fahrsicherheit verfügt und die Fitness- und Speed-Skating-Technik sicher beherrscht. Außerdem braucht man eine zumindest 3–4 Meter breite, gut asphaltierte und verkehrsfreie Straße oder eine Speed-Skating-Bahn bzw. einen entsprechend großen, frei befahrbaren Parkplatz, wo man ohne Hindernisse schnell skaten kann.
Dann können Sie Belastungsintensitäten realisieren, die bis in den maxi-

Der Herzfrequenzverlauf beim extensiven Intervalltraining

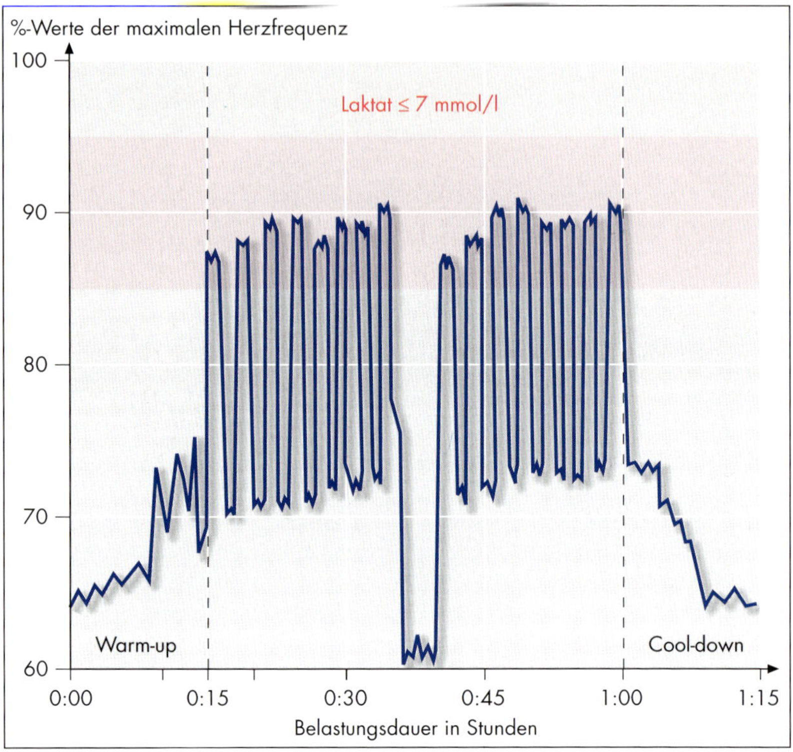

malen Bereich hinein gehen, also 80–100% Ihrer Hf_{max} betragen. Der Anteil des Intervalltrainings am Gesamttraining kann im Fitnessbereich bei etwa 20% und im Speed-Skating bei bis zu 50% liegen.

Extensives Intervalltraining

Extensives Intervalltraining ist für Fitness-Skater besonders geeignet. Als Einstiegsprogramm in das extensive Intervalltraining können Sie 4–6-mal 3 Minuten Belastung im Bereich der anaeroben Schwelle (ca. 80–85% der Hf_{max} bei 4 Millimol/Liter Laktat) mit 3 Minuten aktiver Pause im regenerativen Bereich (60–70% der Hf_{max}) kombinieren. Oder aber Sie setzen das extensive Intervalltraining als »Übergangstraining« zwischen dem fitness- und dem wettkampfspezifischen Bereich ein.
Das heißt, Sie erhalten Hf-Werte zwischen 85 und 90% der Hf_{max}. Diese Trainingsform zeichnet sich aus durch eine hohe Anzahl von Intervallen (ca. 10–20), versehen mit kurzen Pausen (30 Sekunden bis 3 Minuten), und eine Dauer der Belastungen zwischen

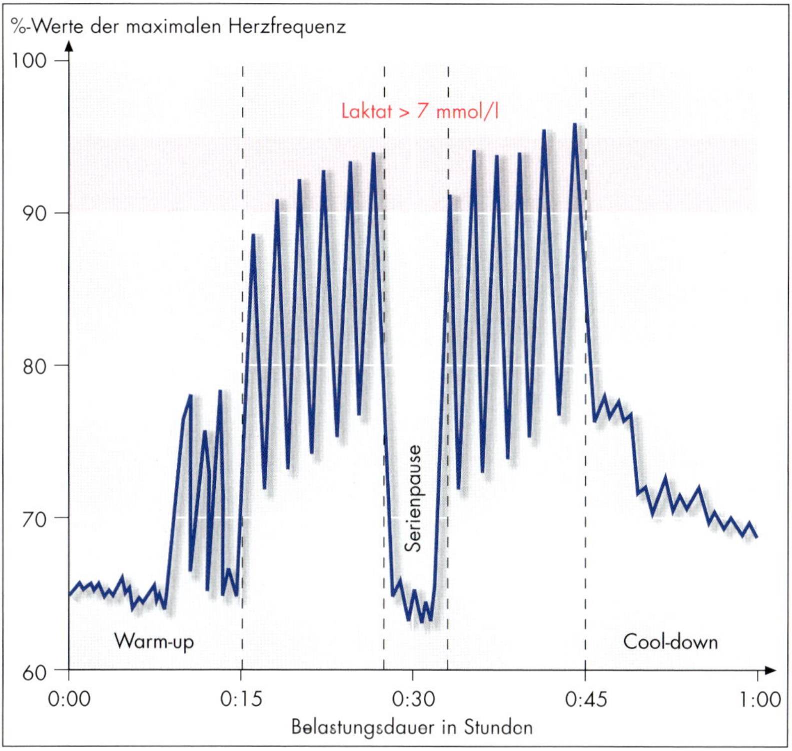

Der Herzfrequenzverlauf beim intensiven Intervalltraining

30 Sekunden und 3 Minuten. Die Aufteilung der hohen Wiederholungszahlen erfolgt in 1–4 Serien mit ca. 3 Minuten Serienpause. Je kürzer die Belastungen sind, desto schwieriger ist es für Sie, sich an Ihrer Herzfrequenz zu orientieren. Das liegt daran, dass das Herz bei sehr kurzen maximalen Belastungen nicht genügend Zeit hat, um eine maximale Schlagfrequenz zu erreichen. Orientieren Sie sich deshalb dann an der Geschwindigkeit bzw. an der von Ihnen eingesetzten Kraft (85–90 %). Als Kontrolle zur Gestaltung der Pausenlänge bietet sich wiederum die Herzfrequenz an. Eine ausreichende Pausendauer für ein extensives Intervalltraining ist die Zeit, bis der Puls wieder auf 70 % der Hf_{max} abgesunken ist.
Ein exemplarisches extensives Intervalltraining für Fitness-Skater ist in der Grafik auf S. 82 veranschaulicht.

Intensives Intervalltraining

Das intensive Intervalltraining richtet sich primär an Fitness-Skater und Speed-Skater, die Wettkämpfe bestreiten oder zumindest mit dem Gedanken spielen, dies zu tun. Im Gegensatz zum extensiven Intervalltraining wird hier eine mittlere Anzahl von Intervallen (5–15) absolviert, versehen mit kurzen, annähernd maximalen Belastungen von 30 Sekunden bis 2 Minuten und unvollständigen Erholungspausen von maximal 60 Sekunden. Auch hierbei erfolgt eine Aufteilung in 2–3 Serien mit ca. 3–6 Minuten Serienpause. Mit jeder Belastung wird dabei der Körper müder und lernt, trotz zunehmender Ermüdung eine annähernd maximale Geschwindigkeit zu gewährleisten. Die Grafik auf S. 83 zeigt exemplarisch ein solches intensives Intervalltraining auf Inline-Skates, bestehend aus 12 x 1 Minute Belastung mit je 1 Minute Pause, aufgeteilt in 2 Serien.

Gruppenskaten

Eine besonders motivierende Art des Ausdauertrainings auf Inline-Skates ist das Training in der Gruppe. Es ist nicht nur kommunikativ und abwechslungsreich, sondern bietet zusätzlich besondere Möglichkeiten zur Verbesserung der Ausdauerfähigkeit.

> Im Laufe eines fortschreitenden Trainingsprozesses zur Verbesserung Ihrer Ausdauer auf Inline-Skates sollten Sie sich behutsam vom Ebenen-Skater zum Profil-Skater und vom Dauer-Skater zum Fahrtspiel- und Intervall-Skater entwickeln. Dann wird Ihre Fitness vom Inline-Skating maximal profitieren.

Die folgenden Übungs- und Trainingsformen können Sie schon zu zweit durchführen; besonders empfehlenswert sind jedoch Gruppengrößen von 4–8 Personen.

Gruppenskating 1: Raupefahren

Beim Raupefahren sollte die Gruppe möglichst dicht hintereinander skaten, wobei sich jeder beim Vordermann bzw. der Vorderfrau an den Hüften festhält. Ziel ist es, im Gleichschritt effektiv hintereinander zu skaten, wobei die Person an erster Position Rhythmus und Geschwindigkeit vorgibt. Der besondere Effekt für den Tempomacher liegt in dem verstärkten Kraftreiz für dessen Beinmuskulatur und in der notwendigen Vermeidung von Rotationsbewegungen in der Hüfte, die zu Schlangenbewegungen der Gesamtgruppe bzw. zum Abreißen führen würden. Für die nachfolgenden Skater ist der konditionelle Reiz entsprechend kleiner, dafür wird aber deren Koordination durch die Aufnahme des Schrittes vom Vordermann geschult. Lösen Sie nach wenigen Minuten die führende Person ab: Sie erhalten automatisch ein leichtes, gemeinsames Fahrtspiel. Die Belastungsintensität sollte sich dabei hauptsächlich im Grundlagenbereich befinden (70–80% der Hf_{max}) und kann kurzzeitig auch bis in den Fitnessbereich hineinreichen.

Variation: Anschieben

Skaten Sie zu zweit dicht hintereinander. Der Hintermann fasst den Vordermann an den Hüften und schiebt ihn. Wechseln Sie jeweils nach wenigen Minuten die Positionen.

Beide Übungen zum gemeinsamen

Skaten in der Gruppe sind trotz unterschiedlichen Leistungsniveaus realisierbar, da der konditionelle Reiz individuell auf jede Einzelperson abgestimmt werden kann.
Die nachfolgenden Trainingsformen hingegen sind nur dann richtig effektiv, wenn die Gruppe vom Leistungsvermögen her relativ homogen ist.

Gruppenskating 2: Windschattenfahren

Das Windschattenfahren kann als eigenständige Trainingsform in der Gruppe so gestaltet werden, dass Kondition und Koordination gleichzeitig geschult werden. Skaten Sie dabei in einem möglichst gleichmäßigen Tempo so dicht wie möglich hintereinander und nehmen Sie den Bewegungsrhythmus des Vordermannes auf. Wenn dieser die Fitness-Skating-Technik beherrscht, können Sie sich an seiner leichten seitlichen Schulterbewegung orientieren, welche die Körperschwerpunktverlagerung widerspiegelt. Sie können so in seinen Rhythmus einstimmen, ohne ihm auf die Beine schauen zu müssen. Nach wenigen Minuten fährt der Führende zur Seite und lässt sich von der gesamten Gruppe überholen, um sich hinten wieder anzuschließen.
Sie können so über längere Strecken Geschwindigkeiten erreichen, die Sie allein nicht zu skaten in der Lage wären. Die Belastung kann ähnlich wie beim extensiven Intervalltraining zwischen 80 und 90% Ihrer Hf_{max} liegen, je nachdem, ob Sie häufigere Tempowechsel mit kürzeren Pausen oder seltene Tempowechsel mit längeren Pausen einbauen wollen. Die Unterschiede in der Belastungsintensität kommen bei gleichmäßigem Tempo dadurch zu Stande, dass 20–40% des Luftwiderstands durch das Windschattenfahren reduziert werden.

Gruppenskating 3: Aktives Überholen

Skaten Sie möglichst dicht hintereinander. Nutzen Sie den Windschatten des Vordermanns und skaten Sie gleichmäßig im Grundlagenbereich (70–80% der Hf_{max}). Der Letzte der Gruppe versucht dabei immer, alle anderen außen zu überholen und

Windschattenfahren

Gruppen-Skating: aktives Überholen

sich vor die Gruppe zu setzen, um wieder ein gleichmäßiges Tempo im Grundlagenausdauerbereich aufzunehmen. Wenn jeder Gruppenteilnehmer 1–2 Minuten die Führungsposition innehat, ergibt das ein abwechslungsreiches und effektives Grundlagenausdauertraining, gespickt mit kurzen Antritten zur Schulung der Schnelligkeit.
Wenn Sie das Ganze auf einem Rundkurs oder einer Bahn durchführen, können Sie gleichzeitig Ihre Beschleunigungsfähigkeit beim Kurvenfahren mit entwickeln.
Variationen:
Jeder Zweite aus der Gruppe überholt jeweils den Vordermann, oder ein Sportler übernimmt die Coaching-Stellung und ruft jeweils den Namen einer Person auf, die dann den Überholvorgang ausführen soll.

Kraft- und Kraftausdauertraining auf Inline-Skates

Die Fortbewegung im Fitness-Skating-Schritt trainiert automatisch Ihre Bein- und Rumpfkraftausdauer. Um den Trainingseffekt verstärkt auf den Kraftaspekt zu fokussieren, können Sie einfache, gezielte Übungen einsetzen, die den Widerstand beim Skaten erhöhen.
Konzentrieren Sie sich bei der Übungsausführung auf einen sauberen Bewegungsablauf und atmen Sie während der Belastung gleichmäßig. Steigern Sie die Intensität nur, wenn die Bewegungsausführung darunter nicht leidet. Die nachfolgenden Übungen geben Anregungen für ein gezieltes Bauch-Beine-Po-Programm auf Inline-Skates.

Kraftübungen für Fitness-Skater

Kraftübung 1: Vordere Oberschenkelmuskulatur, Gesäß
Nehmen Sie die Skating-Position ein und stoßen Sie sich mit einem Bein kraftvoll parallel zur Seite ab. Der Abstoß sollte bis zur vollständigen Streckung des Abdruckbeins erfolgen, während das Körpergewicht auf den Gleit-Skate verlagert wird. Verharren Sie kurzzeitig in dieser Position (2–3 Sekunden). Zur Stabilisierung können Sie sich mit einem Arm auf dem Gleitbein abstützen. Beginnen Sie mit einer Strecke von 30–50 Meter und wechseln Sie anschließend

das Abdruckbein. Wiederholen Sie diese Übung 2–3-mal pro Bein. Als Steigerungsform können Sie die Strecke verlängern oder ein leicht ansteigendes Profil wählen.

Kraftübung 2:
Vordere Oberschenkelmuskulatur, Gesäß, untere Rückenmuskulatur

Nehmen Sie bei langsamer Geschwindigkeit auf gerader Strecke die Skating-Position ein. Beugen Sie die Knie bis auf etwa 90° und lehnen Sie Ihren Oberkörper unter Beibehaltung eines geraden Rückens nach vorn, sodass dieser annähernd parallel zum Boden ist. Dazu schieben Sie das Gesäß nach hinten und spannen die Bauchmuskulatur an. Legen Sie Ihre Hände entspannt auf das Gesäß und gleiten Sie 50 Meter in dieser Position. Wiederholen Sie die Übung 3–5-mal. Zur Belastungssteigerung verlängern Sie die Gleitstrecke.

Variation:
Zur primären Stärkung der unteren Rückenmuskulatur führen Sie dieselbe Übung ohne extrem starke Kniebeugung durch.

Kraftübung 3:
Adduktoren, Abduktoren

Beginnen Sie in einer aufrechten Position mit etwas mehr als schulterbreit gespreizten Beinen. Die Skates sind dabei möglichst parallel in Fahrtrichtung ausgerichtet und die Arme in den Hüften aufgestützt. Versuchen Sie nun, Ihre Skates zu beschleunigen und durch aktiven Einsatz der Adduktoren bis auf Schulterbreite einander anzunähern sowie anschließend mittels Abduktoreneinsatz wieder ausein-

Kraftübung 1

Kraftübung 2

Links:
Kraftübung 3

Rechts:
Kraftübung 4

ander zu bewegen. Je paralleler die Skates dabei bleiben und je langsamer Sie diese Übung durchführen, desto intensiver wird sie. Beginnen Sie zunächst mit einer Strecke von 30–50 Meter und 2–3 Wiederholungen und verlängern Sie im Laufe des Trainingsprozesses die Strecke zur Belastungssteigerung.

Kraftübung 4: Ganzkörpereinsatz

Antritte über wenige Meter mit schnellstmöglicher Beschleunigung trainieren den maximalen Krafteinsatz bei wenigen Wiederholungen. Dies ist ein effektives Schnellkraftausdauertraining verbunden mit einer koordinativ anspruchsvollen Gesamtbewegung.

Beschleunigen Sie aus dem Stand mit nur 4–5 Schritten, so kraftvoll Sie können. Wiederholen Sie diesen Vorgang 8–12-mal, aber jeweils erst nachdem Sie vollständig erholt sind.

Die Kombination der Kraftübungen 1–4 ergeben ein einfaches, aber effektives Bauch-Beine-Po-Rücken-Rumpf-Programm, also ein Krafttraining, das speziell Ihre Skating-Muskulatur anspricht und trainiert. Zusätzlich ist es ein effektives »Problemzonentraining« zur Kräftigung und Straffung der Körpermitte.

Power-Skating – Kraftausdauertraining in Bestform

Zur Verstärkung des Kraftausdauereffekts auf Inline-Skates empfiehlt es sich, den Rollwiderstand zu erhöhen.

Die einfachste und zugleich effektivste Form eines solchen Trainings ist das Power-Skating am Berg. Dazu suchen Sie sich eine verkehrsfreie asphaltierte Strecke von 300–600 Meter Länge und mittlerer Steigung (ca. 5 %), auf der Sie ungestört Ihr Training absolvieren können.
Das Power-Skating am Berg hat neben der besonderen Kraftausdauerwirkung eine zusätzliche koordinative Komponente: Sie sind durch die langsamere Bewegungsgeschwindigkeit gezwungen, sich sehr stark auf den Abdruck zu konzentrieren. Das ermöglicht Ihnen, diesen kontrollierter auszuführen, was sich auch in der Ebene in einem effektiveren Abdruck bemerkbar machen wird.
Der Bewegungsablauf beim Bergauf-Skaten unterscheidet sich vom Fitness-Skating-Schritt in der Ebene. Sie richten sich im Oberkörper etwas stärker auf und versuchen, durch einen besonders aktiven Armschwung zusätzlich Vortrieb zu gewinnen. Die Abdruckrichtung erfolgt dabei verstärkt nach seitlich/hinten. Dies können Sie erreichen, indem Sie das Gesäß verstärkt absenken und mehr Druck über die Ferse entwickeln. Der Gleit-Skate geht schon beim Aufsetzen unmittelbar in den nächsten Abdruck über.
Es entsteht somit je nach Grad der Steigung eine »kletternde« Bewegung mit hoher Frequenz und kurzer Gleitphase.
Die linke Tabelle auf S. 90 zeigt exemplarisch, wie eine solche Trainingseinheit am Berg gestaltet werden kann. Die Intensität sollte zunächst primär im aeroben Bereich bzw. im aerob/anaeroben Übergangsbereich (Laktat 3–4 Millimol/Liter) liegen. In

Links: Power-Skating am Berg

Rechts: Kontrolliertes Abfahren

Power-Skating 1 (extensiv)			
	Einsteiger	Fortgeschrittene	Profis
Wiederholungen	5–8	8	8–10
Distanz	300–500 m	400–600 m	600 m
Intensität (Hf_{max})	80–85 %	80–85 %	80–85 %
Pause	1–2 Min.	1–2 Min.	1–2 Min.

Power-Skating 2 (intensiv)			
	Einsteiger	Fortgeschrittene	Profis
Wiederholungen	5	8	10–12
Distanz	30–60 m	60–100 m	100 m
Intensität	90–95 % der max. Geschwindigkeit		
Pause	2–3 Min.	2–3 Min.	2–3 Min.

den Pausen können Sie langsam mit kleinen Schwüngen abfahren und nebenbei Ihre Kurvensicherheit beim Bergabfahren verbessern.
Als Steigerungsform des Power-Skatings suchen Sie sich eine sehr steile, etwa 100 Meter lange Strecke, die Sie mit annähernd maximalem Einsatz hinaufskaten. Die rechte Tabelle illustriert, wie eine solche hochintensive Trainingseinheit aussehen kann. Die Pausen sollten in jedem Fall so gewählt werden, dass Sie sich ausreichend erholen können. Sie nutzen diese, um in kleinen Schwüngen zum Startpunkt zurückzukehren.

Power-Skating in der Ebene

In der Ebene können Sie grundsätzlich ähnliche Trainingsreize setzen wie beim Bergauf-Skaten. Dazu nehmen Sie eine möglichst tiefe Körperposition ein und verlängern bewusst die Gleitphasen. Als Orientierung streben Sie Herzfrequenzwerte zwischen 80 und 95 % der Hf_{max} an, je nach Streckenlänge und gewünschtem Trainingseffekt (aerobe oder anaerobe Kraftausdauer). Das Bergauf-Skaten ist jedoch aus mehreren Gründen am Anfang effektiver:

- Sie haben aufgrund der geringeren Geschwindigkeit mehr Zeit für den Abdruck zur Verfügung und können diesen leichter kontrollieren.
- Jeder wenig effektive Abdruck schlägt sich sofort in einem hohen Geschwindigkeitsverlust nieder und macht Sie auf Ihren Fehler aufmerksam.
- Sie werden anschließend jeden noch so profilierten Kurs Ihrer Hausstrecken mühelos meistern und jeden Berg als Herausforderung und nicht mehr als Hindernis betrachten.

Sprungkraft-, Imitations- und Rumpfkräftigungstraining

Was tut der Skater, wenn das Wetter schlecht ist oder der Winter anbricht? Diese Frage stellt sich vielen Gleichgesinnten. Man kann natürlich die vielfältigen Möglichkeiten anderer Fitnessdisziplinen im Sinne eines Crosstrainings nutzen. Oder Sie suchen nach geeigneten Indoor-Plätzen, um Ihrem Sport auf kleinem Raum zu frönen.
Wenn Ihnen dies nicht zusagt bzw. die entsprechende Räumlichkeit fehlt,

dann können Sie durch Trockenübungen in Form von Sprungkrafttraining und Imitationsübungen ohne Skates Ihre Kraft dennoch in ähnlicher Art und Weise trainieren, wie Sie sie beim Fitness- und Speed-Skating benötigen. Zusätzlich helfen Ihnen Rumpfkräftigungsübungen, eine ruhige Position auf den Skates wahren zu können und Rückenschmerzen vorzubeugen.
Allen nachfolgenden Übungen ist gemeinsam, dass Sie diese in Konzentration auf die Qualität der Bewegungsausführung durchführen sollten, um Fehlbelastungen zu vermeiden. Führen Sie jeweils nur so viele Wiederholungen durch, wie Sie ohne Qualitätsverlust in der Bewegungsausführung realisieren können.

<u>Trockentraining 1: Skating-Position</u>
Nehmen Sie die tiefe Skating-Position ein. Versuchen Sie diese so stabil wie möglich über 30–60 Sekunden zu halten. Achten Sie vor allem auf Ihre Rumpfspannung.

<u>Steigerungsform</u>:
Verlagern Sie Ihren Körperschwerpunkt während der Übung leicht nach vorn und hinten bzw. zur Seite. Tun Sie dies, ohne Ihre Grundposition zu ändern. Ziel sollte hierbei sein, trotz Schwerpunktverlagerung möglichst wenig ausgleichen zu müssen.

<u>Trockentraining 2: Einbeinstand</u>
Nehmen Sie die Skating-Position ein und verlagern Sie das Körpergewicht auf ein Bein. Heben Sie anschließend das unbelastete Bein leicht angewinkelt nach hinten an. 5 Sekunden verharren, dann das unbelastete Bein

Skating-Position (Trockentraining 1)

Einbeinstand (Trockentraining 2)

Gewichtsverlagerung (Trockentraining 3)

Vetikalsprung (Trockentraining 4)

unter Ihrem Körper hindurch nach vorn bringen und diese Position wiederum 5 Sekunden halten. Wechseln Sie anschließend das Standbein und wiederholen Sie den Vorgang.

Trockentraining 3: Gewichtsverlagerung

Verlagern Sie aus der Fitness-Skating-Position das Körpergewicht auf ein Bein und simulieren Sie mit dem unbelasteten Bein einen Abdruck zur Seite. Dabei sollten Sie das unbelastete Bein zur Seite strecken und leicht vom Boden anheben. Achten Sie darauf, dass die Gelenke des Abdruckbeins mit Ihrer Nasenspitze eine Gerade bilden.

> Nicht die Anzahl der Wiederholungen ist entscheidend, sondern die richtige Ausführung!

Trockentraining 4: Vertikalsprünge

Legen Sie in der Skating-Position die Arme entspannt auf den unteren Teil des Rückens. Springen Sie aus dieser Position maximal nach oben und versuchen Sie, wieder möglichst sicher in der Ausgangsposition zu landen. Verharren Sie anschließend ca. 5 Sekunden und wiederholen Sie den Vorgang.

Trockentraining 5: Schlusssprünge

Begeben Sie sich in die Skating-Position und legen Sie die Arme entspannt auf den unteren Teil des Rückens. Springen Sie aus dieser Position mit geschlossenen Beinen und unter Einsatz beider Arme möglichst weit nach vorn.

Links: Schlusssprünge (Trockentraining 5)

Rechts: Skating-Schritt-Imitation (Trockentraining 6)

Trockentraining 6:
Skating-Schritt-Imitation
Gehen Sie aus der Skating-Position in Schrittstellung. Simulieren Sie einen Abdruck zur Seite durch Springen nach vorne/seitlich und Landen auf dem entgegengesetzten Bein. Setzen Sie sofort im Anschluss das Abdruckbein neben das Landebein und wiederholen Sie den Vorgang mit umgekehrtem Beineinsatz. Bei dieser Übung koordinieren Sie die Arme wie beim Skating-Schritt diagonal mit den Beinen.

Trockenübung 7:
Tiefes Gehen (Low Walk)
Nehmen Sie die Skating-Position ein und legen Sie die Arme entspannt auf den unteren Teil des Rückens. Gehen Sie in dieser Position, ohne Ihren Körperschwerpunkt stark anzuheben. Je tiefer Ihre Position ist, desto intensiver wird die Übung.

Tiefes Gehen (Trockentraining 7)

Variation:
Setzen Sie zusätzlich die Arme ein, indem Sie diese diagonal mit den Beinen koordiniert beim Gehen mitschwingen.

Kräftigungsübung 1:
Gerade Bauchmuskulatur

Begeben Sie sich in Rückenlage und winkeln Sie die Beine mit etwa 90° an. Heben Sie anschließend unter Einsatz der Bauchmuskulatur die Schulterblätter leicht an und versuchen Sie, die Lendenwirbelsäule auf den Boden zu drücken. Die Arme halten Sie dabei gestreckt seitlich neben dem Körper und knicken im Handgelenk leicht ab. Am effektivsten ist diese Übung, wenn Sie gleichzeitig die Rückenmuskulatur anspannen und so der Bauchmuskulatur ein Widerlager bieten.

Kräftigungsübung 2:
Schräge Bauchmuskulatur

Winkeln Sie in Rückenlage die Beine mit etwa 90° an. Heben Sie mittels Ihrer Bauchmuskulatur den Oberkörper leicht nach vorne/seitlich an und versuchen Sie, Ihre Lendenwirbelsäule auf den Boden zu drücken. Beide Arme werden dabei auf einer Seite an den Oberschenkeln vorbeigeführt.

Kräftigungsübung 3:
Seitliche Rumpfmuskulatur

Legen Sie sich auf die Seite, stützen Sie einen Unterarm auf dem Boden auf und heben Sie die Hüfte an, bis Ihr Körper eine Gerade bildet. Mit dem anderen Arm stützen Sie sich während der Übung in der Hüfte ab.

Steigerungsform:
Spreizen Sie aus dieser Position das obere Bein gestreckt nach oben ab.

Kräftigungsübung 4:
Rücken- und Gesäßmuskulatur

Begeben Sie sich in Bauchlage und strecken Sie Arme und Beine aus. Bringen Sie anschließend die Arme

in Schulterhöhe und winkeln Sie diese im Ellbogen um 90° ab. Heben Sie den Kopf oder/und die gestreckten Beine minimal vom Boden an und halten Sie diese Position für wenige Sekunden. Achtung: Das Anheben sollte so niedrig wie möglich geschehen, damit Sie kein zu starkes Hohlkreuz machen.

Kräftigungsübung 5: Schulter-Rumpf- und Hüftstreckmuskulatur

Legen Sie sich auf den Bauch und stützen Sie sich nur auf den Unterarmen und Füßen ab. Ihr Körper bildet dabei von der Seite gesehen eine Gerade.

Steigerungsform:

Heben Sie aus dieser Position ein Bein gestreckt um wenige Zentimeter an.

Kräftigungsübung 6: Gesäß-, Rücken- und Schultermuskulatur

Knien Sie sich auf den Boden und stützen Sie sich mit beiden gestreckten Armen ab. Heben Sie ein Bein und den entgegengesetzten Arm an und strecken Sie diese, bis Ihr Körper von der Seite gesehen eine Linie bildet. Anschließend ziehen Sie die Fußspitze und den Handrücken an und halten diese Position für wenige Sekunden. Rollen Sie sich danach langsam ein, indem Sie den Arm und das Bein unter dem Körper zusammenführen.

Kräftigungsübung 7: Fußmuskulatur

Kommen Sie barfuß zum Einbeinstand. Greifen Sie mit den Zehen des unbelasteten Fußes nach einem auf dem Boden liegenden Handtuch und heben Sie es auf.

Crosstraining – vielseitiges Fitness-training

Der Begriff Crosstraining kommt aus dem Amerikanischen und beschreibt ein abwechslungsreiches Fitness- und Leistungstraining durch den Einsatz von verschiedenen Trainingsmitteln bzw. Sportarten. Man macht dabei einen Streifzug durch das Angebot an Fitnesssportarten und -möglichkeiten. Ziel beim Crosstraining ist es, die Leistungsfähigkeit in einer bestimmten Sportart durch den Einsatz von anderen Trainingsmöglichkeiten zu verbessern bzw. sich auf abwechslungsreiche Weise vielseitig fit zu halten und einseitigen Belastungen vorzubeugen. Die gesamte Beanspruchung, welcher der Körper während des Trainings ausgesetzt wird, kann so besser verteilt werden. Man kann das Training abwechslungsreicher gestalten und fördert zugleich die Trainingsmotivation.

Für die sinnvolle Auswahl an Crosstrainingseinheiten gibt es zwei wesentliche Ansatzpunkte. Zum einen kann man nach bewegungsverwandten Disziplinen Ausschau halten. Beispielsweise können Eisschnellläufer im Sommer ein bewegungsähnliches Training durchführen, indem sie die Inline-Skates anziehen. Oder Skilangläufer nutzen in der warmen Jahreszeit die Inline-Skates, um so unter Einsatz von speziellen Stöcken ein bewegungsverwandtes Training zu absolvieren.

Ein anderer Ansatzpunkt ist, dass Sie Sportarten als Crosstrainingsform in Ihr Fitnesstraining mit aufnehmen, die einen ähnlichen Trainingsreiz für zumindest eines der Funktionssysteme Ihres Körpers setzen. Radfahren und Laufen sind beispielsweise zwei klassische Ausdauerdisziplinen, die das Herz-Kreislauf-System ähnlich in Schwung bringen und Sie ausdauernder und leistungsfähiger machen. Als Läufer wäre das Radfahren eine nahe liegende Trainingsmöglichkeit, da es nicht nur das Herz-Kreislauf-System in ähnlicher Weise fordert, sondern zusätzlich die Gelenke entlastet.

Für jeden Fitnesssportler ist Crosstraining ein ganz wesentlicher Bestandteil des Trainings. Im Fitnessbereich geht es nicht hauptsächlich um die Leistung in einer bestimmten Sportart, vielmehr will man beim Training Spaß und Abwechslung haben. Sie wollen Ihren Körper so trainieren, dass Sie sich fitter fühlen und dass Sie von der gesteigerten Leistungsfähigkeit auch im Alltag profitieren können. Dazu bietet sich ein vielfältiges und abwechslungsreiches Training geradezu an. Kraft und Ausdauer, Schnelligkeit und Beweglichkeit sowie koordinative Elemente können Sie durch Crosstraining in abwechslungsreicher und interessanter Form schulen und verbessern.

Fitness-Skating ist ein nahezu perfektes Crosstrainingsmittel für viele Sportarten. Es ist eine »ganzheitliche« Be-

Crosstraining: vielseitiges Fitnesstraining

wegungsform und verbindet konditionelles mit koordinativem Training. Durch das gelenkschonende Rollen und den innerhalb kürzester Zeit eintretenden Leistungszuwachs ist Fitness-Skating ein idealer und sanfter Einstieg in den Ausdauersport. Durch die zunehmende Ökonomisierung Ihres Bewegungsablaufs finden Sie außerdem sehr schnell zur Leichtigkeit des Gleitens – Fitnesstraining wird zum Genuss. Die Motivationsfrage stellt sich erst gar nicht. Zusätzlich werden Bein- und Rumpfmuskulatur so stark ausgebildet, dass Sie auch in anderen Sportarten davon profitieren werden. Also, was liegt für Fitnesssportler aus den verschiedensten Bereichen näher, als das Crossover-Erlebnis auf 8 bzw. 10 Rollen zu probieren?

Fitness-Skating als Trainingsmittel für andere Sportarten

Fitness-Skating als bewegungsverwandte Disziplin wird auch von Wintersportlern mehr und mehr entdeckt. Sportler wie Katja Seizinger, Gunda Niemann oder Claudia Pechstein greifen im Sommer zu den 8 bzw. 10 Rollen. Sie alle nutzen sowohl die koordinativen als auch die konditionellen Reize des Skatens.

Eisschnelllauf:
Übereinstimmungen und Ähnlichkeiten in der Bewegungsausführung zwischen Eislaufen und Fitness-Skating liegen auf der Hand, wenn auch in den letzten Jahren von Inline-Profis eine sich abgrenzende Technik ent-

wickelt wurde (Double Push). Ein offensichtlicher Unterschied besteht in der Schrittfrequenz, die beim Fitness-Skating aufgrund des höheren Rollwiderstands deutlich höher ist. Eisschnellläufer können durch das Inline-Skating somit auch im Sommer ihre Kondition in zumindest ähnlicher Weise schulen, wie sie das im Winter tun. Zusätzlich profitieren sie im Sinne eines Frequenztrainings vom Fitness-Skating.
Die Gefahr, sich die Eislauftechnik durch Inline-Skating zu »versauen«, kann reduziert werden, indem man sich Folgendes bewusst macht: Man führt auf Inline-Skates kein eislaufspezifisches Techniktraining durch, sondern erweitert und schult sein Bewegungsrepertoire durch unterschiedliche Gleitwiderstände und Rolleigenschaften. Dass die positiven Auswirkungen mögliche Negativeffekte deutlich übersteigen können, zeigen Athleten, die in beiden Disziplinen sehr erfolgreich sind.

Abfahrtshocke

Skilanglauf:
Auch Skilangläufer und Rollskiläufer können mit dem Fitness-Skating eine Bereicherung ihres Sommertrainings erfahren. Durch den Einsatz von geeigneten Stöcken mit gehärteten Spitzen ist es sogar möglich, ähnlich zu trainieren wie in der Spezialdisziplin. Das Ganzkörpertraining auf Skates mit dem zusätzlichen Maß an Wendigkeit und Beweglichkeit überzeugt viele und reizt nicht wenige zu einer Marathonteilnahme auf Inline-Skates.
Alpinskilauf:
Fitness-Skating als Crosstrainingsform ist auch für Anhänger des alpinen Skisports interessant. Der Umgang mit hoher Geschwindigkeit, das schnelle Reagieren je nach Situation sind auch beim Bergabfahren auf Skates von Bedeutung. Die Hanglage des Körpers, Be- und Entlastung, Kurz- und Langschwünge – sozusagen Schwingen und Carven in Bestform – sind durch den Einsatz von Inline-Skates auch auf dem Asphalt möglich. Auf diese Weise kann man schon im Sommer seine Wintersportfitness trainieren, um bereits am ersten Skitag fit und beweglich die Piste hinunterzuschwingen. Darüber hinaus sind kurze und lange Schwünge für alle Fitness-Skater interessant, da sie ihnen auf abschüssigen Wegen eine Möglichkeit zur Geschwindigkeitsregulierung geben.

Schnelle Abfahrten auf steilen Bergstrecken faszinieren Skater und Alpinskiläufer gleichermaßen. Doch müssen beide dabei ein paar Besonderheiten beachten:

- Die Auflagefläche der Inline-Skates ist sehr klein, das heißt, die geringe Fläche der aufliegenden Rollen muss Ihnen genügen, um sicher bergab fahren zu können.
- Nehmen Sie eine schulterbreite, tiefe Abfahrtshocke ein und richten Sie die Skates parallel in Fahrtrichtung aus. Durch eine solche »Zentrierung der Massen« erhalten Sie eine stabile Position und sind weniger anfällig für Bodenunebenheiten.
- Eine zentrale Körperposition auf der Schiene ist die Grundvoraussetzung für hohe Geschwindigkeiten. Ballen und Ferse sind dabei gleichmäßig belastet. »Flatternde Skates« bei mittleren Geschwindigkeiten sind ein Zeichen für eine nicht gleichmäßige Belastung und machen eine Positionskorrektur notwendig.
- Regulieren Sie die Geschwindigkeit über das Aufrichten des Oberkörpers als Windfang.

Kurvenfahren und kurze oder lange Schwünge mit Inline-Skates auf abschüssigen Straßen kommen ebenfalls als Trainingsmöglichkeit für Alpinskifahrer in Frage. Das Kurvenfahren bergab bedingt einen starken Kanteneinsatz beider Skates und eine vergleichsweise aufrechte Position des Oberkörpers. Er bleibt während der Schwünge möglichst zum Tal gerichtet, und die Drehung quer zur Fahrtrichtung kann aufgrund der Wendigkeit der Skates schon mit minimalem Aufwand ausgelöst werden. Dabei wird der »Berg-Skate« ähnlich stark belastet wie der »Tal-Skate« und bei engen Kurven bewusst etwas nach vorn geschoben. Je nachdem, wie stark Sie die Skates quer zur Fahrtrichtung aufkanten, können Sie die Geschwindigkeit und den Kurvenradius steuern. Die adäquate Bremstechnik im Anschluss an das Bergabfahren ist die T-Bremse mit nachfolgendem Abschwingen.
Für den alpinen Fitness-Skiläufer sind Inline-Skates eine abwechslungs-

Schwünge bergab

reiche Alternative – sofern eine geeignete Strecke vorhanden ist. Eines gilt es in jedem Fall zu meiden: öffentliche Verkehrswege.
Alle anderen Fitness- und Leistungssportler können ebenfalls vom Einsatz des Inline-Skatings profitieren. Schwimmern kommt das koordinative Bein- und Rumpfkrafttraining beim Skaten ebenso zugute wie Läufern. Radfahrer können die ähnliche muskuläre Belastung mit einem koordinativen Reiz verbinden, der in ihrer Sportart vergleichsweise gering ausgeprägt ist. Der Zwang, auch mit einsetzender Ermüdung noch eine gute Bewegungstechnik aufrechterhalten zu müssen, ist auch bei einer versuchten Übertragung auf andere Sportarten von großem Vorteil.

Jeder Fitnesssportler kann vom Skaten profitieren!

Jeder vielseitige Fitnesssportler sollte zumindest sporadisch das Fitness-Skating in sein Trainingsrepertoire aufnehmen, denn es zahlt sich aus.

Vielseitiges Training für Fitness- und Speed-Skater

Selbst wenn das Fitness- und Speed-Skating Sie so begeistert, dass Sie am liebsten nur noch skaten würden, sollten Sie in jedem Fall auch für andere Sportarten offen sein.

Wintertraining

Was für Wintersportler im Sommer gilt, kann für Skater im Winter auch nicht schlecht sein. Also nutzen Sie die abwechslungsreichen Bewegungsformen im Schnee beim Skifahren, Carven sowie beim Skilanglauf. Sie werden dadurch sensibel im Umgang mit einer anderen Gleitform sowie wechselnden Geländebedingungen und trainieren gleichzeitig das Gleichgewichtsvermögen, was Ihnen im Sommer auf den Skates wiederum zugute kommt.
Reizvoll für Fitness-Skater ist im Winter auch das Snowblade-Fahren. Die besonders kurzen Bretter mit den gebogenen Enden ermöglichen im Schnee eine ähnliche Bewegungsfreiheit wie Inline-Skates auf der Straße. Sie können enorm kurze Schwungradien bewältigen und sind gezwungen, das Gleichgewicht auf einer sehr kleinen Standfläche zu halten. Probieren Sie es aus – Sie werden nicht nur Spaß daran haben, sondern auch im darauf folgenden Sommer davon profitieren.

Sommertraining

Zu einem abwechslungsreichen Sommertraining zählen die großen Ausdauerdisziplinen Laufen, Radfahren und Schwimmen. Alle drei sind hervorragend geeignet, um die Grundlagenausdauer zu verbessern, und helfen Ihnen damit, beim Skaten entspannter und leichter über lange Distanzen unterwegs zu sein.

Um sie zusammen mit dem Fitness- und Speed-Skating optimal im Training einsetzen zu können, sollten Sie einige grundlegende Dinge über die Beanspruchung des Körpers in den unterschiedlichen Sportarten wissen.

Mittlerweile gibt es verschiedene wissenschaftliche Untersuchungen im In- und Ausland, die aufzeigen, dass beim Inline-Skating bereits sehr hohe Herzfrequenzen im Vergleich zum Laufen und Radfahren in niedrigen Belastungsintensitäten entstehen.[1] Dies ist vor allem in der tiefen aerodynamischen Position der Speed-Skater der Fall, weil die erhöhte Haltearbeit zwar die Herzfrequenz erhöht, nicht aber die Sauerstoffaufnahme beeinflusst. Radfahren und Laufen bieten sich insbesondere deshalb als alternatives Grundlagentraining an und ermöglichen ein Fettstoffwechseltraining über mehrere Stunden.

Generell ist die Herz-Kreislauf-Belastung beim Inline-Skating im mittleren und hohen Intensitätsbereich dem Laufen sehr ähnlich und liegt etwas über der des Radfahrens. Umgekehrt zeigt sich jedoch, dass die muskuläre Belastung eher der des Radfahrens ähnelt. Dies ist insofern plausibel, da sowohl beim Skaten als auch beim Radfahren die Muskulatur nur statisch und dynamisch überwindend (konzentrisch) arbeiten muss, während beim Laufen eine dynamisch nachgebende (exzentrische) Leistung hinzukommt.

[1] siehe SNYDER 1993, RUNDELL 1996, SCHULZ 1996

Laufen für Skater

Zugegeben: Der Einstieg in das Lauftraining fällt mitunter schwer. Zählen Sie schon zur Gruppe der Fitnessläufer, dann sollten Sie dies, soweit es Ihr Zeitbudget zulässt, auch weiterhin beibehalten. Bei übermäßigem Lauftraining können die exzentrische Muskelarbeit und die bei jedem Schritt wirkenden Vertikalkräfte zwar sehr belastend sein, sorgen bei moderatem Trainingsumfang und angemessener Lauftechnik jedoch für einen optimalen Trainingsreiz. Wichtig beim Laufen ist gerade für Einsteiger, dass sie nicht zu schnell beginnen. Zur Orientierung sollte die Herzfrequenz 65–75 % der Hf_{max} (beim Laufen) während einer Grundlagenausdauereinheit nicht überschreiten.

Schwimmen für Skater

Neben dem Laufen bietet sich auch das Schwimmen zur Förderung der Grundlagenausdauer an. Vor allem beim Freistilschwimmen profitieren Sie von der Kräftigung der Rumpfmuskulatur, die Sie beim Inline-Skating zur Stabilisierung sehr stark benötigen. Zusätzlich wird im Sinne eines Ausgleichstrainings primär die Oberkörpermuskulatur angesprochen. Außerdem ist das Schwimmen als regeneratives Training bestens geeignet, da die Muskulatur während der Bewegung im Wasser eine Art Massage erhält. Dies trägt vor allem nach einem anstrengenden Training zur Entspannung und Regeneration bei.

Radfahren für Skater

Die nächstliegende Crosstrainingsform für Fitness-Skater ist das Radfahren. Es hilft, die Kraftausdauer im Bereich der Beine inklusive der Grundlagenausdauer zu schulen. Die Beinmuskulatur wird ähnlich beansprucht wie beim Skaten, nämlich statisch bzw. konzentrisch. Die Gelenkbelastung ist sogar noch geringer als beim Fitness-Skating. Positiv kommt beim Radfahren auch zum Tragen, dass man sehr lange mit niedriger Intensität trainieren kann, um den Fettstoffwechsel in Schwung zu bringen. Die Dauer des Trainings auf Inline-Skates ist hingegen auch bei geringer Intensität durch die hohe statische Beanspruchung der Haltemuskulatur vor allem im Rückenbereich und den koordinativen Anspruch zumindest für viele Neueinsteiger begrenzt. Wenn Sie Ihre Fettdepots schrumpfen lassen wollen, bietet sich das Radfahren über mehrere Stunden mit niedriger Intensität (65–75% der Hf_{max}) geradezu an. Vor allem in der Gruppe macht das Radfahren Spaß und sorgt für körperliche Fitness, die Ihnen auch auf den Skates zugute kommt. Eine Alternative zum konventionellen Radfahren ist das Spinning, das in vielen Fitnessstudios mittlerweile angeboten wird. Unter Anleitung durch einen Instruktor wird in der Gruppe auf dem Ergometer trainiert. Das Besondere daran ist, dass Sie dabei – kontrolliert durch die Herzfrequenz – Ihr eigenes Tempo fahren können,

Skate & Bike

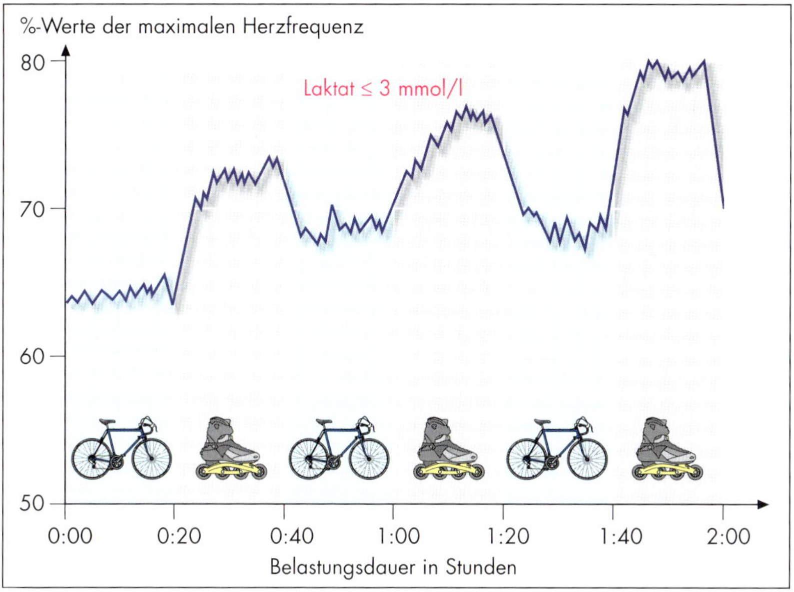

Der Herzfrequenzverlauf beim Skate-&-Bike-Training

auch wenn Ihr Leistungsniveau im Vergleich zu den anderen sehr unterschiedlich ist. Außerdem werden wechselnde Belastungsstufen gezielt eingesetzt, die Sie durch den motivierenden Charakter des Gruppentrainings leichter bewältigen können.

Skate & Bike

Ein ultimatives Crosstrainingserlebnis für Jung und Alt ist die Kombination aus Radfahren und Inline-Skating, kurz Skate & Bike. Es beinhaltet sowohl den Fitnessspaß für die ganze Familie als auch das gezielte Training mit wechselndem Trainingsmittel. Die Kombination ist deshalb so nahe liegend, weil bei angemessener Skate-Technik Geschwindigkeiten erreicht werden, die dem Radfahren sehr ähnlich sind. Vor allem im Grundlagenausdauerbereich, also bei niedriger Intensität, können Sie so sehr lange und abwechslungsreich mit einem oder mehreren Partnern trainieren, sogar wenn diese dem Fitness-Skating eher ablehnend gegenüberstehen.

Bei einem »kombinierten Familienausflug« nutzt ein Teil die Inline-Skates, der andere Teil das Fahrrad, und schon kann's losgehen. Dabei richtet man sich immer nach dem langsamsten Gruppenmitglied, was je nach Kondition und Technik nicht unbedingt ein Inline-Skater sein muss. Der Spaß und die Gemeinschaft stehen im Vordergrund; die Kondition wird ganz von selbst mittrainiert.

Grundlagentraining für Fitnesssportler

Diese Trainingskombination bietet sich auch für fortgeschrittene Fitnesssportler an. Dazu brauchen Sie nur eine(n) Gleichgesinnte(n), zwei Paar Skates und ein möglichst verstellbares Fahrrad sowie einen Rucksack, dann können Sie mit dem abwechslungsreichen Ausdauertraining beginnen. Kontrollieren Sie auch hierbei die Herzfrequenz und nehmen Sie Rücksicht auf den Trainingspartner. Das Tempo wird so gewählt, dass beide den beabsichtigten Trainingsreiz erfahren. Wenn dies nicht gleichzeitig möglich ist, müssen Sie sich immer nach dem konditionell Schwächsten richten bzw. darauf achten, dass dieser sich nicht überfordert.

Empfehlenswert ist diese Kombination vor allem für das Grundlagenausdauer- bzw. Fettstoffwechseltraining. Der Fitness-Skater bewegt sich dabei im Bereich von 70–80% der Hf_{max}, der Radfahrer im Bereich von 65–75% der Hf_{max}. Alle 20 Minuten wechseln Sie die Sportgeräte und setzen das Training fort. Durch den häufigen Wechsel können Sie auch eine wechselnde Intensität leichter ausgleichen bzw. steuern. Der zunächst Unterforderte kann sich dann entsprechend stärker belasten und umgekehrt.
Diese Trainingsform ist bei einem ausgeglichenen Leistungsniveau auf Rad und Skates optimal geeignet, um ein langes Grundlagenausdauer- und Fettstoffwechseltraining für Inline-Skater interessant und effektiv zu gestalten.

Der Wettkampf

Haben Sie schon vor längerer Zeit das Inline-Skating als Ihre Fitness-Disziplin entdeckt und so viel Spaß daran gefunden, dass Sie mit einem der mittlerweile zahlreichen Straßenwettkämpfe für Inline-Skater liebäugeln? Oder haben Sie schon den einen oder anderen Wettkampf bestritten und möchten nun gut vorbereitet im nächsten Rennen deutlich schneller sein? Dieses Kapitel vermittelt einen Einblick in die Faszination des Inline-Wettkampfes mit all seinen Besonderheiten und gibt Tipps für die Vor- und Nachbereitung eines solchen Events.

Vorbereitung: Trainingsprogramme

Im Mittelpunkt einer adäquaten Vorbereitung auf einen Inline-Skating-Straßenwettkampf steht ein regelmäßiges und gezieltes konditionelles und koordinatives Training. Im Gegensatz zu einem Laufmarathon ist ein Inline-Marathon auch mit einer relativ kurzen Vorbereitungszeit und entsprechend weniger Trainingsaufwand durchführbar. Grundvoraussetzung ist, dass Sie sicher auf beengtem Raum, umgeben von vielen anderen Skatern, fahren können. Für nahezu jeden regelmäßig trainierenden Fitnesssportler ist die Bewältigung eines Inline-Marathons in weniger als zweieinhalb Stunden kein Problem, solange die Bewegungstechnik einen ökonomischen Fluss beim Skaten garantiert.

Trainingsprogramm für Wettkampfeinsteiger

Sie möchten als Fitnesssportler und begeisterter Inline-Skater endlich mal an der Herausforderung eines Inline-Marathons teilhaben. Sie beherrschen die Grundtechniken des Skatens und Sie trainieren regelmäßig ca. 4 Trainingseinheiten pro Woche. Außerdem steht für Sie das Erlebnis

Vor dem Start ist das Material zu prüfen

Der Herzfrequenzverlauf bei einem Inline-Marathon (1:13 Std.)

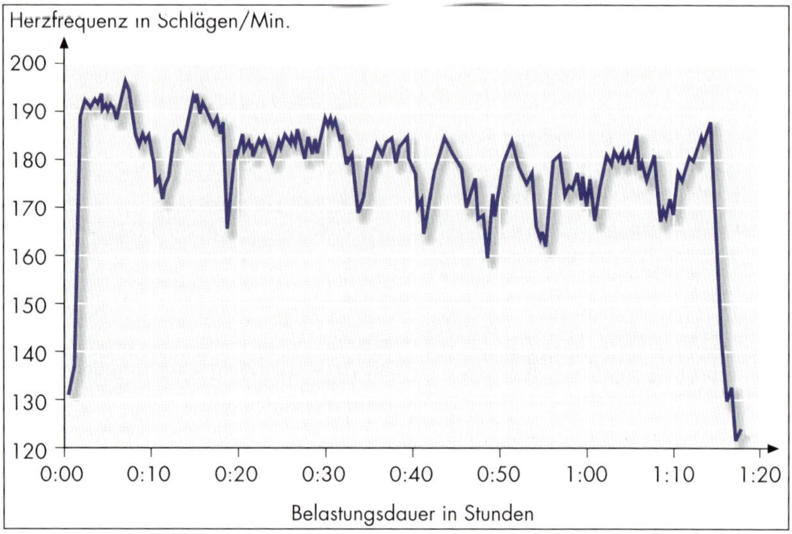

und der Genuss des Events über dem absoluten Kampf um Sekunden und Platzierungen. Dann können Sie sich an dem 4-Wochen-Plan auf S. 108/109 oben orientieren.

Trainigsprogramm für leistungsorientierte Skater

Sie sind schon bei einigen Fitness- und Speed-Skating-Rennen über die Halbmarathon- bzw. Marathondistanz am Start gewesen und motiviert, Ihre bisherigen Zeiten zu unterbieten und sich möglichst gut zu platzieren. Fitness- bzw. Speed-Skating ist Ihre primäre Trainingsform und Sie sind es gewohnt, 5–6 Trainingseinheiten pro Woche zu absolvieren. Dann sollten Sie bei einer gezielten Vorbereitung auf einen Inline-Marathon Folgendes beachten:

Speed-Wettkämpfe leben vom Wechselspiel aus Tempoverschärfung und Tempoverlangsamung. Anders als in einem Laufmarathon ist Ihr Körper ständig gezwungen zu agieren und zu reagieren. Entsprechend ungleichmäßig wird auch das Herz-Kreislauf-System in einem solchen Wettkampf beansprucht. Je weiter vorn Sie mitfahren wollen, desto besser sollten Sie Tempowechsel und abrupte Tempoverschärfungen verkraften können.
Ebenso wichtig wie die konditionelle Verfassung sind die Skate-Technik und das geschickte Verhalten im Wettkampf. Eine geringfügige Korrektur im Technikbereich kann Ihnen genauso viel Speed bringen wie eine mühsam erarbeitete Verbesserung der Kondition. Begleitende Trainingsmaßnahmen wie Rumpfkrafttraining

und Crosstrainingseinheiten im Radfahren oder Laufen gehören ebenso selbstverständlich in eine leistungsorientierte Trainingsgestaltung wie eine bewusste Ernährung und ausreichende Regenerationsphasen.
Auf S. 108/109 unten finden Sie ein Beispiel für einen 4-Wochen-Plan zur Vorbereitung auf einen Inline-Marathon.

Die richtige Ernährung vor dem Wettkampf

Unmittelbar vor einem Wettkampf bzw. einer intensiven Trainingseinheit gilt es, bei der Nahrungsaufnahme darauf zu achten, dass das Blut bei intensiver körperlicher Belastung hauptsächlich in die arbeitende Muskulatur verteilt wird, denn die benötigt nun vermehrt Sauerstoff. Andere Körperorgane werden beim Sport entsprechend weniger durchblutet, so auch der Magen. Bei einer direkt vor dem Wettkampf eingenommenen Mahlzeit beanspruchen Sie den Verdauungstrakt auch noch während der Belastung. Dies erfordert eine stärkere Durchblutung der Verdauungsorgane und »stiehlt« Ihnen Blut, das Sie in der Arbeitsmuskulatur dringend benötigen.
Das bedeutet für Sie, dass Sie unmittelbar vor einem Wettkampf etwas möglichst Leichtes und schnell Verdauliches zu sich nehmen sollten. Empfehlenswert ist gut verträgliche, kohlenhydratreiche und gleichzeitig fettarme Kost mit kurzer Verweildauer im Magen (kein Fleisch und keine stark proteinhaltigen Speisen). Kleine Mengen im Abstand von mindestens zwei Stunden vor dem Wettkampf sollten genügen.

Vorsicht: Beginnen Sie einen Skate-Wettkampf nie mit völlig leerem Magen. In so einem Fall kommen Sie schnell in einen unterzuckerten Zustand, der keine intensive Belastung mehr zulässt. Im Training ist dies weniger problematisch, aber auch nur bei geringer Belastungsintensität.

Ihr Flüssigkeitshaushalt sollte in jedem Fall ausgeglichen sein, bevor Sie einen Wettkampf beginnen: Trinken Sie viel über den ganzen Tag verteilt. Vermeiden Sie möglichst Alkohol und Koffein und bevorzugen Sie Mineralwasser, Malzbier und Obstsaftschorlen (z. B. Apfel, Orange) sowie gut verträgliche kohlenhydrathaltige Sportdrinks. Alkohol und Koffein wirken entwässernd und erschweren die Aufrechterhaltung eines ausgeglichenen Flüssigkeitshaushalts. Zu viel Kaffee vor dem Start ist nicht empfehlenswert.

Maßnahmen vor dem Start

Vor dem Start müssen Sie noch einmal Ihr Material prüfen. Dazu gehört das Nachziehen aller Schrauben an Schiene und Rollen sowie die Prüfung auf Druckstellen im Schuh. Falls solche vorhanden sind, kleben Sie diese mit Tape oder speziellem Blasenpflas-

4-Wochen-Plan für Marathon-Einsteiger

Woche	Montag	Dienstag	Mittwoch
1	Pause	Technik- und Gleichgewichtstraining, anschließend 20 Min. Easy Skating	Radfahren/Spinning oder Laufen, 60–75 bzw. 40–50 Min. GA-Bereich; anschließend Stretching und Rumpfkrafttraining
2	Pause	Technik- und Gleichgewichtstraining, anschließend 30 Min. Easy Skating	Radfahren/Spinning oder Laufen, 60–75 bzw. 40–50 Min. GA-Bereich; anschließend Stretching und Rumpfkrafttraining
3	Pause	Technik- und Gleichgewichtstraining, anschließend 30 Min. Easy Skating	Radfahren/Spinning oder Laufen, 60–75 bzw. 40–50 Min. GA-Bereich; anschließend Stretching und Rumpfkrafttraining
4	Pause	Technik- und Gleichgewichtstraining, anschließend 20 Min. Easy Skating	Skate-Fahrtspiel, 45 Min. mit 4–5 kurzen Belastungen GA-/FIT-Bereich; anschließend Stretching und Rumpfkrafttraining

4-Wochen-Plan für ambitionierte Marathon-Skater

Woche	Montag	Dienstag	Mittwoch
1	Pause	Technik- und Gleichgewichtstraining, anschließend 50 Min. Dauerskaten, davon 35 Min. GA- und 15 Min. FIT-Bereich; anschließend Stretching	Radfahren/Spinning, 60–90 Min. GA-Bereich; anschließend Stretching und Rumpfkrafttraining
2	Radfahren oder Skaten, 30–40 Min. REKOM; anschließend Stretching und Rumpfkrafttraining	Technik- und Gleichgewichtstraining, extensives Intervalltraining: z. B. 15 x 2 Min., 2 Min. Pause, FIT-Bereich; anschließend Stretching	Radfahren/Spinning, 60 Min. GA-Bereich; anschließend Stretching und Rumpfkrafttraining
3	Radfahren oder Skaten, 30–40 Min. REKOM; anschließend Stretching und Rumpfkrafttraining	Technik- und Gleichgewichtstraining, extensives Intervalltraining: z. B. 10 x 3 Min., 2 Min. Pause, FIT-Bereich; anschließend Stretching	Radfahren/Spinning, 60 Min. GA-Bereich; anschließend Stretching und Rumpfkrafttraining
4	Radfahren oder Skaten, 30–40 Min. REKOM; anschließend Stretching und Rumpfkrafttraining	Skate-Fahrtspiel, wenn möglich in Gruppe, 50 Min. mit 5 Belastungen von 3–5 Min., GA-/WSA-Bereich; anschließend Stretching	Radfahren/Spinning, 45–60 Min. GA-Bereich; anschließend Stretching und Rumpfkrafttraining

Donnerstag	Freitag	Samstag	Sonntag
Pause	Technik- und Gleichgewichtstraining	Dauerskaten, 40–50 Min. GA-Bereich; anschließend Stretching und Rumpfkrafttraining	Dauerskaten, 90 Min. GA-Bereich; anschließend Stretching
Technik/Dauerskaten, 15 Min./45 Min. GA-Bereich; anschließend Stretching	Pause	Skate-Fahrtspiel, wenn möglich in Gruppe, 50–60 Min. GA-Bereich; anschließend Stretching	Dauerskaten, 60–90 Min. GA-Bereich; anschließend Stretching und Rumpfkrafttraining
Dauerskaten, 60 Min. GA-Bereich; anschließend Stretching	Pause	Skate-Fahrtspiel, wenn möglich in Gruppe, 60–75 Min. GA-/FIT-Bereich; anschließend Stretching	Dauerskaten, 90–120 Min. GA-Bereich; anschließend Stretching
Technik/Easy Skating, 15 Min./45 Min. GA-Bereich; anschließend Stretching	Pause	Easy Skating, 20–30 Min. mit 3–5 kurzen Steigerungen gegen Ende GA-Bereich; anschließend Stretching	**Marathon-Wettkampf**

Donnerstag	Freitag	Samstag	Sonntag
Pause	Technik- und Gleichgewichtstraining, anschließend Stretching und Rumpfkrafttraining	Skate-Fahrtspiel, wenn möglich in Gruppe, 50–60 Min. GA-/FIT-Bereich; anschließend Stretching	Dauerskaten, 90–120 Min. GA-Bereich; anschließend Stretching
Dauerskaten, 50–60 Min., davon 30–40 Min. GA- und 20 Min. FIT-Bereich; anschließend Stretching	Pause	Power-Skating am Berg, z. B. 8 x 300 Meter FIT-/WSA-Bereich; anschließend Stretching	Dauerskaten, 90–120 Min. GA-Bereich; anschließend Stretching
Technik/Dauerskaten, 15 Min./50 Min. GA-Bereich; anschließend Stretching	Pause	intensives Intervalltraining: z. B. 6 x 1 Min., 1 Min. Pause oder Vorbereitungswettkampf: Halbmarathon	Dauerskaten 60 Min. GA-Bereich, falls Wettkampf 40 Min. REKOM; anschließend Stretching
Technik/Dauerskaten, 15 Min./50 Min. GA-Bereich; anschließend Stretching	Pause	Easy Skating, 20–30 Min. mit 3–5 kurzen Steigerungen gegen Ende GA-Bereich; anschließend Stretching	**Marathon-Wettkampf**

Am Start eines Inline-Marathons

ter ab. Achten Sie zusätzlich darauf, dass die Schuhe am Schaftende nicht zu eng geschnürt sind, da sonst die Bewegungsfreiheit und der Blutfluss zum Fuß beeinträchtigt werden. Die Schuhe müssen nur so fest sitzen, dass Sie im Fersenbereich beim Abdruck nicht darin umherrutschen.
Stellen Sie sicher, dass Sie für das Rennen eine Trinkflasche mit sich führen oder zumindest an einer Verpflegungsstation deponiert haben.
Je länger Sie unterwegs sind, umso wichtiger ist der Ausgleich des Flüssigkeitsverlustes.
Vergessen Sie Ihren Helm nicht! Ohne Helm dürfen Sie im Regelfall nicht an den Start gehen.
Inspizieren Sie im Vorfeld genauestens die Strecke. Prägen Sie sich vor allem streckeneigene Problemstellen wie Gullys, Straßenbahnschienen, Spurrillen, Kurven und starke Gefällestücke gut ein. Auch Fahrbahnmarkierungen und sandige oder ölige Verschmutzungen des Asphalts sind keine Seltenheit und im Rennen meist schwer zu erkennen.

Das Inline-Rennen: Tipps und Tricks zum Wettkampfverhalten

Die großen Fitness- und Speed-Skating-Marathons in Hamburg, Berlin, Köln und Frankfurt locken Tausende von Skatern in die Metropolen. 4000 Skater wie in Berlin 1999 werden auch in Zukunft keine Seltenheit mehr sein.

Die Faszination des Skatens durch das Zentrum von Großstädten auf Straßen, die sonst den Autos vorbehalten sind, stellt natürlich auch besondere Anforderungen an die Teilnehmer.
Vom Massenstart bis zum Gruppenfahren auf engem Raum, von Taktik bis Renneinteilung, vom Windschattenfahren bis zu Ausreißversuchen – all das erfordert Konzentration, Kondition und Koordination. Daher folgen nun einige Tipps und Tricks zum Wettkampfverhalten.

Der Start

Bei möglicherweise mehreren Tausend Skatern ist ein Gedränge am Start nicht zu vermeiden. Im Gegensatz zu einem Läufer benötigen Sie als Inline-Skater mindestens die dreifache Breite, um sich fortzubewegen. Hier sind Ruhe und Besonnenheit statt Egoismus und kompromissloses Durchsetzungsvermögen angesagt. Sie müssen sich selbst fragen, wie wichtig Ihnen ein paar Plätze weiter vorn am Start sind, und dabei ein erhöhtes Sturzrisiko mit einkalkulieren. Hilfreich ist in diesem Zusammenhang die von den meisten Veranstaltern vorgenommene Voreinteilung in Leistungsklassen. Ordnen Sie sich gemäß Ihres Könnens ein und Sie werden eine geeignete Gruppe zum Mitfahren finden. Die Versuche einiger Teilnehmer, sich in die vorderen Reihen zu mogeln, um vom Windschatten der Profis zu profitieren, bringen in den seltensten Fällen wirklichen Erfolg. Durch die extrem schnelle Beschleunigung am Start und die häufigen Attacken mit Geschwindigkeitswechsel im Vorderfeld ist ein leistungsschwächerer Skater auch als »Anhängsel« schnell überfordert.
Versuchen Sie am Start durch schnelle Schritte in kompakter Haltung mit wenig seitlichem Abdruck voranzukommen, bis Sie in der Lage sind, frei in Ihrem Bewegungsraum zu skaten. Anschließend gilt es, möglichst schnell den Bewegungsrhythmus eines voranfahrenden Skaters aufzunehmen und sich in eine Gruppe einzureihen.
Bei entsprechender Konzentration, sicherer Fahrtechnik und gegenseitiger Rücksichtnahme kann ein Marathonstart zu einem besonderen Erlebnis werden.

Windschatten-Skaten

Ein Fitness- und Speed-Skating-Wettkampf ist ohne Windschattenfahren

Auch beim Speed-Skating nutzt man den Windschatten

nicht denkbar. In langen Ketten rasen die Spitzenfahrer dem Ziel entgegen und erreichen so über die Marathondistanz Zeiten, die nur noch knapp über einer Stunde liegen.

Auch Fitness-Skater und Wettkampfeinsteiger sollten sich mit dem Windschattenfahren auseinandersetzen. Sowohl die Wettkampfleistung als auch das Erlebnis vom Dahingleiten in perfekter Harmonie und Synchronität werden dadurch enorm gesteigert.

Der Luftwiderstand Ihres Körpers bildet den größten Teil des Gesamtwiderstands, den Sie als Skater zu überwinden haben, und ist abhängig von der Widerstandsfläche und der Geschwindigkeit, mit der Sie laufen. Mit zunehmender Geschwindigkeit wächst der Luftwiderstand sogar quadratisch an, das heißt, er vervierfacht sich bei Verdopplung der Geschwindigkeit. Für einen Wettkampf mit hohen Geschwindigkeiten lautet also die Devise: Luftwiderstand durch Verstecken reduzieren.

Das effektive Windschattenfahren erfordert allerdings ein wenig Mut und so viel Sicherheit und Flexibilität im Fahrstil, dass Sie den Rhythmus eines voranfahrenden Skaters aufnehmen können. Ziel sollte es sein, so dicht wie möglich aufzuschließen, ohne den Voranfahrenden zu behindern, und synchron hintereinander zu skaten. Sie können dadurch jede Menge Energie einsparen (>20 %). Abstände von 1–2 Metern sind schon zu viel und verhindern eine maximale Energieeinsparung.

Für den Rennverlauf heißt dies: Beobachten Sie Ihren Vordermann, um Geschwindigkeitsänderungen frühzeitig zu erkennen und reagieren zu können. Ein genaues und konzentriertes Fahren ist absolute Voraussetzung!

Sind Sie erst einmal neben einer Kette aus Skatern, so sollten Sie mittels Augenkontakt und Gesten eine Wiedereingliederung in die Gruppe abklären. Denn wenn Sie im Rennen den Anschluss an eine Gruppe erst einmal verloren haben, wird es Ihnen nur unter höchstem Einsatz möglich sein, das »Loch« wieder zu schließen.

Kontrolle der Geschwindigkeit

Beim Skaten in Gruppen oder in einer Kette sind Sie bei gleichem Energieaufwand durch den Windschatten des Vordermanns immer etwas schneller als dieser. Eine effektive Geschwindigkeitsregulierung können Sie vornehmen, indem Sie sich zeitweilig aufrichten und durch den Luftwiderstand Ihres Oberkörpers die Geschwindigkeit reduzieren. Zusätzlich wird so Ihr Rücken kurz entlastet. Sollte das nicht ausreichen, hilft ein dosierter Einsatz der T-Bremse bei einem verstärkten und kontrollierten Bremsvorgang.

Taktik und Einteilung

Renntaktik und -einteilung sind wesentlich von der persönlichen Zielsetzung abhängig. Für Einsteiger bietet sich an, ein möglichst gleich-

mäßiges Rennen zu bestreiten und »mit dem Strom zu schwimmen«.
Das heißt nichts anderes, als sich entweder bereits vor dem Start durch Absprache eine Gruppe mit ähnlichem Leistungsniveau zu suchen oder sich im Rennen möglichst schnell einer entsprechenden Gruppe anzuschließen.
Innerhalb einer Gruppe sollten Sie bemüht sein, möglichst effektiv zusammenzuarbeiten. Durch einen permanenten Führungswechsel, bei dem keiner länger als wenige Minuten führen muss, können Sie ein hohes Tempo aufrechterhalten, ohne dass ein Einzelner die ganze Arbeit gegen den Wind macht.
Als ambitionierter Fahrer mit dem Ziel einer guten Platzierung müssen Sie zusätzlich permanent Ihre Konkurrenten im Auge behalten und entscheiden, wann Sie eine Attacke mitgehen und wann Sie möglicherweise selbst eine initiieren. Falls Sie nicht in einem Team fahren, werden Sie allein nur wenigen Ausreißversuchen folgen können. Das heißt, Sie müssen einschätzen, wann es sich lohnt mitzufahren und wann nicht. Dies hängt von verschiedenen Faktoren ab und erfordert viel Rennerfahrung und ein wenig Glück.
Um eine schnelle Zeit zu fahren, sollten Sie sich an der Tempoarbeit beteiligen und somit Ihr Interesse signalisieren. Ob Ihre Gruppe gleichfalls an einem hohen Tempo interessiert ist, stellt sich dann recht schnell heraus, und Sie können sich entsprechend neu orientieren.

Verhalten bei widrigen Bedingungen

Die Qualität eines Inline-Rennens hängt sehr stark von der Streckenauswahl und Streckenführung ab. Dennoch sind Hindernisse wie Kanaldeckel, Straßenbahnschienen, Gullys und Spurrillen auch auf sorgfältig ausgewählten öffentlichen Straßen keine Seltenheit. In diesem Fall sollten Sie die Hindernisse umfahren bzw., wenn nötig, möglichst rechtwinklig überqueren. Aufmerksames Vorausschauen und volle Konzentration sind deshalb beim Skaten mit Höchstgeschwindigkeit unbedingt notwendig. Eine schnelle Vollbremsung ist äußerst schwierig und im Rennen meist gar nicht möglich. Antizipieren Sie das Renngeschehen und Sie werden erfolgreich und gefahrenfrei ins Ziel kommen.
Bei Regen oder einzelnen nassen Straßenstellen ist zusätzliche Wachsamkeit geboten. Eine Umstellung der Technik durch Erhöhung der Schrittfrequenz und gleichzeitige Verkürzung des seitlichen Abdrucks trägt zur sicheren Fortbewegung auf glitschigem Untergrund bei. Zusätzlich können weichere Rollen (78 A) für mehr Grip sorgen und die Rutschgefahr mindern.

Was tun bei Rückenproblemen im Wettkampf?

Rückenschmerzen im Bereich der Lendenwirbelsäule während eines Wettkampfes sind leider keine Seltenheit. Sie resultieren nicht nur, wie meist angenommen, aus der belastenden Oberkörperneigung, sondern vielmehr aus den unruhigen Drehbewegungen des Oberkörpers und Rumpfes. Durch diese »Bewegungsunruhe« wird der Rücken im Bereich der Lendenwirbelsäule so ungünstig belastet, dass Schmerzen langfristig kaum zu vermeiden sind. Es gibt verschiedene Möglichkeiten, um dieses Problem in den Griff zu bekommen:

Vorbereitende Maßnahmen:
Die gezielte Schulung einer »ruhigen Körpermitte« während des Skatens und die Vermeidung unnötiger Drehbewegungen des Oberkörpers sind nicht nur wesentlicher Bestandteil einer effektiven Fitness- und Speed-Skating-Technik, sondern reduzieren auch die Überlastungsgefahr der Lendenwirbelsäule und der stabilisierenden Muskulatur erheblich. Das kann einerseits durch spezielles Techniktraining geschehen und andererseits durch ergänzendes Bauch- und Rückentraining zum Aufbau eines kräftigen Muskelgürtels.

Maßnahmen beim Wettkampf:
Bei beginnenden Schmerzen sollten Sie versuchen, besonders gut im Windschatten eines voranfahrenden, möglichst großen Skaters zu verschwinden. Stützen Sie sich anschließend mit den Armen kurzzeitig auf den Oberschenkeln ab und entlasten Sie so die untere Rückenpartie.
Eine weitere Möglichkeit besteht darin, sich kurzzeitig aufzurichten, um auf diese Weise durch die aufgehobene Beugung in der Hüfte den Lendenwirbelsäulenbereich statisch zu entlasten.

Essen und Trinken während des Wettkampfes

Bei einem Wettkampf auf Inline-Skates genügt es in den meisten Fällen, wenn Sie sich auf regelmäßiges Trinken beschränken. Je nach Intensität und Dauer des Rennens sollten Sie alle 15 Minuten ca. 100–200 Milliliter Flüssigkeit zu sich nehmen. Bei Belastungen bis 30 Minuten ist eine reine Wasserzufuhr absolut ausreichend. Für einen Marathon bieten sich darüber hinaus leicht zucker- und mineralstoffhaltige Getränke an, die vom Magen gut vertragen werden (Obstsaftschorlen, Sportgetränke etc.). Kohlenhydratreiche feste Nahrungsmittel wie Bananen oder spezielle Energieriegel sind erst bei einer Belastungsdauer von mehr als 90 Minuten notwendig, da die körpereigenen Speicher dann langsam zur Neige gehen.
Im Vergleich zum Laufen haben Sie bei der Nahrungsaufnahme beim Fitness- und Speed-Skating einen generellen Vorteil: Durch die fehlende Vertikalbewegung sind Essen und Trinken leichter und nahezu jederzeit möglich. Auch Ihr Magen wird vergleichsweise wenig durchgeschüttelt und erweist sich somit als unempfindlicher. Auf einem Skate-Marathon sollten Sie deshalb immer eine Trinkflasche oder einen speziellen, im Handel erhältlichen Trinkrucksack mitführen.

Nachbereitung – Regenerationsmaßnahmen

Bei der Nachbereitung einer hochintensiven Belastung sollten Sie alles tun, um Ihrem Körper eine möglichst schnelle und vollständige Erholung zu ermöglichen. Das reicht vom bereits angesprochenen Cool-down bis hin zu einer ausreichenden Nahrungszufuhr und angemessenen Regenerationsmaßnahmen. Auf diese Weise tragen Sie dazu bei, dass Sie sich gut erholen und sich Ihre Leistungsfähigkeit langfristig entwickeln kann.
Die Fähigkeit zur Anpassung an verschiedene Belastungen ist ein Grundphänomen des menschlichen Körpers. In welchem Maße sich Ihr Körper anpasst, hängt wesentlich vom Wechselspiel aus Belastung und nachfolgender Entlastung ab.

Die Anpassungsreaktion, die nach einem Belastungs-Entlastungs-Zyklus erfolgt, wird in der Sportwissenschaft als Prinzip der Superkompensation bezeichnet. Entscheidend für eine günstige Anpassung (Superkompensation) ist die optimale Relation zwischen Belastung und Erholung; Regeneration ist also immer Teil eines Trainingsprozesses.
Wenn Sie diese Tatsache vernachlässigen bzw. nicht beachten, werden Sie schnell feststellen, dass trotz intensiven Trainings Ihre Leistungsfähigkeit stagniert oder sogar abnimmt. Sie werden nicht fitter, sondern nur ausgelaugter und anfällig für Erkältungen und Verletzungen. Geben Sie Ihrem Körper ausreichend Zeit zur Regeneration, erst dann kann sich Ihre Leistung positiv entwickeln.
Die Frage nach der Dauer der Regeneration im Anschluss an ein Training bzw. an einen Wettkampf lässt sich

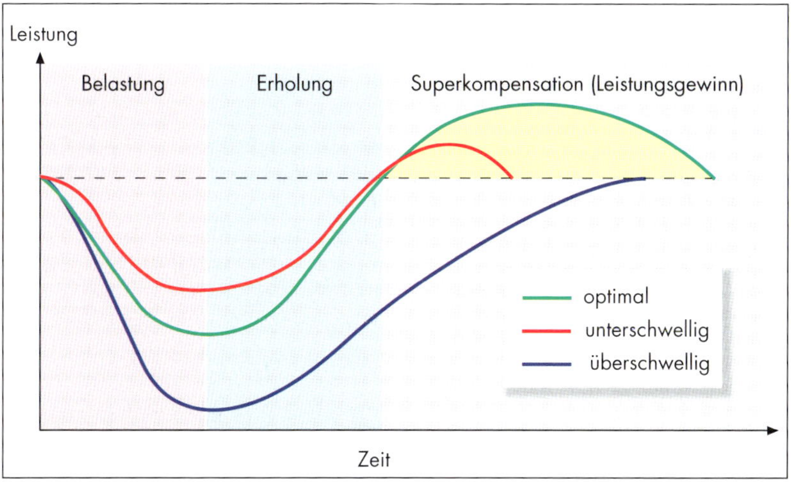

Das Prinzip der Superkompensation

pauschal nicht beantworten. Man muss dabei zwischen verschiedenen Regenerationsphasen unterscheiden, deren Dauer und Funktion abhängig sind von Intensität und Dauer der Belastung.

Maßnahmen unmittelbar nach dem Wettkampf

Unmittelbar nach einem Wettkampf oder nach einer intensiven Trainingseinheit ist es notwendig, dem Körper den Beginn von Wiederherstellungsprozessen zu erleichtern. Durch aktive Maßnahmen in Form von Auslaufen/-rollen von 10–20 Minuten (Cooldown), begleitet von Stretchingübungen, wird eine beschleunigte Beseitigung von Stoffwechselendprodukten besser gewährleistet als durch rein passive Maßnahmen wie z. B. Ruhe oder Massagen. Denn aktive Muskelarbeit bewirkt eine deutlich höhere Durchblutungssteigerung (ca. 6-fach) als eine passive Maßnahme (Massage ca. 1,5- bis 2-fach).
Denken Sie auch nach dem Wettkampf bzw. einem intensiven Training möglichst früh daran, Ihre Energiereserven wieder aufzufüllen. Der Flüssigkeitsausgleich hat dabei oberste Priorität. Etwa 1 Liter pro Belastungsstunde ist ein bewährtes Maß, wenn auch der Flüssigkeitsverlust von der Witterung, dem Trainingszustand sowie von der Sportkleidung abhängig ist. Mineralwasser, zucker- und mineralienhaltige Sportdrinks oder Apfelsaftschorle (Mischverhältnis ca. 70/30 Wasser/Saft) helfen gleichzeitig bei der Wiederaufnahme von verloren gegangenen Nährstoffen. Je nach Verträglichkeit und Geschmack können Sie auch Cola, Malzgetränke oder alkoholfreies Bier zuführen. Diese sind sehr kohlenhydratreich und tragen dazu bei, die entleerten Glykogenspeicher wieder aufzufüllen. Außerdem können Getränke Kohlenhydrate aus Speisen kurzzeitig ersetzen, da nach einer sportlichen Betätigung die meisten Menschen keinen Appetit verspüren.
Dennoch sollten Sie sich bemühen, möglichst bald mit der Zufuhr von fester, kohlenhydratreicher Nahrung zu beginnen. Ihr Körper kann diese in den ersten beiden Stunden nach der Belastung am besten verwerten. Auch im weiteren Verlauf der Nahrungsaufnahme nach dem Wettkampf ist es ratsam, den Fett- und Eiweißanteil gering zu halten. Ballaststoffe füllen zunächst unnötig, werden nur langsam aus dem Magen aufgenommen und verhindern eine optimale Aufnahme an Kohlenhydraten. Generell sind zuckerhaltige Nahrungsmittel in dieser Phase günstig – mit Ausnahme von Schokolade und Kuchen, die man wegen ihres hohen Fettgehalts meiden sollte. Dagegen sind Nudeln, gekochter Reis und Kartoffeln die nach einer Belastung zu bevorzugenden Energielieferanten.

Die nachwirkende Regeneration

Vor allem nach einer maximalen Belastung wie einem Wettkampf sollten Sie auch in den nächsten Stunden

und Tagen die Regeneration nicht aus den Augen verlieren. Die so genannte nachwirkende Regenerationsphase trägt dazu bei, Überlastungen durch zu viel Training oder Wettkämpfe zu vermeiden. Die Entwicklung Ihrer Fitness wird auf diese Weise optimal unterstützt.
Dazu zählt auch, dass Sie schon bald von der »direkten Nachbelastungsernährung« zu einer vollwertig ausgewogenen Mischkost übergehen. Dies ist insofern günstig, da Sie mit nährstoffdichter Vollwertnahrung viele verloren gegangenen Mikronährstoffe wieder zuführen, die in energiedichten, stark zuckerhaltigen Lebensmitteln kaum vorhanden sind.
Wichtig in dieser Situation ist, dass Sie »in Ihren Körper hineinhören«. Als Kontrollgröße Nummer eins dient die Ruheherzfrequenz (RHf), die Sie regelmäßig vor dem Aufstehen kontrollieren sollten. Bei einer Zunahme von mehr als 10 Schlägen pro Minute am Tag nach einem Wettkampf oder einer intensiven Trainingsbelastung am Vortag zeigt der Körper seinen Erholungsbedarf. Es ist dann sinnvoll, so lange aktiv und passiv zu regenerieren, bis die RHf wieder den Durchschnittswert erreicht hat.
Auch ist »Muskelkater« kein Zeichen für ein effektives Training, da er das schmerzhafte Empfinden von kleinen Rissen in der Muskulatur aufgrund von ungewohnter Belastung oder Überbelastung widerspiegelt.
Aber was tun bei Muskelkater und/oder erhöhter Ruheherzfrequenz? Gönnen Sie Ihrem Körper eine Pause, indem Sie nur ganz locker im Regenerationsbereich trainieren (60–70 % der Hf_{max}) und zusätzlich folgende Maßnahmen in Ihrem Fitnessprogramm berücksichtigen.
<u>Ausreichend Schlaf</u>:
Einfach, aber wirkungsvoll! Wichtig sind besonders die Stunden vor Mitternacht. Nach einer anstrengenden Einheit lohnt es sich, einmal vor 23 Uhr ins Bett zu gehen. Nach 7–8 Stunden Schlaf fühlen Sie sich oft wie neu geboren. Wer die Zeit für eine Mittagsschlaf von 30–45 Minuten erübrigen kann, der sollte dies in jedem Fall nutzen, insbesondere nach einem Wettkampf oder nach einer intensiven Trainingseinheit.
<u>Massagen, Warmwasser- und Entmüdungsbäder</u>: Vorzuziehen sind so genannte Wiederherstellungs- oder Entmüdungsmassagen. Bei Fitness-Skatern müssen insbesondere die Beine, das Gesäß und der Bereich der Lendenwirbelsäule behandelt werden, da gerade dort nach intensivem Training Verspannungen auftreten.
Warmwasseraufenthalte bei Temperaturen von ca. 37–39 °C und mit einer Dauer von 10–20 Minuten, kombiniert mit Wechselduschen (warm/kalt) zum Abschluss, wirken besonders entspannend, sie fördern die Durchblutung und lockern die Muskulatur. Auch die Benutzung eines Whirlpools oder der Einsatz von Unterwasserdruckstrahldüsen zur Selbstmassage entspannen die Muskulatur und sind einem einfachen Entmüdungsbad vorzuziehen.

Sauna und Solarium:
Ein regelmäßiger Saunabesuch pro Woche kommt langfristig Ihrer Regenerationsfähigkeit zugute und ist aus dem Sportleralltag kaum noch wegzudenken. Die Durchblutung wird erhöht, der Körper lernt zu schwitzen, und die Muskulatur entspannt sich. 3–4 Durchgänge bis maximal 15 Minuten mit entsprechenden Ruhepausen und Kaltwasseranwendungen gehören für Saunagänger zum Standard, sind aber nicht verbindlich. Achten Sie vor allem auf Ihr persönliches Wohlbefinden. Bei Saunagängen mehrmals pro Woche bietet es sich an, die Anwendungen zeitlich zu verkürzen (z. B. 1–2 Durchgänge mit 5–6 Minuten). Besonders zu empfehlen sind so genannte Biosaunen (Temperatur maximal 60–70 °C) wegen der geringeren Herz-Kreislauf-Belastung.
Vor Wettkämpfen oder intensiven Trainingseinheiten sollten Sie lieber auf den Saunabesuch verzichten (mindestens 48 Stunden vorher), denn ein völlig entspannter Körper und Geist sind für ein intensives Sporttreiben nicht geeignet. Achtung: Viel Trinken beim Saunabesuch nicht vergessen!
Auch eine Solarium-Anwendung alle 1–2 Wochen kann sich leistungsfördernd auf Ihren Organismus auswirken, denn die eingesetzten UV-Strahlen haben eine den Stoffwechsel aktivierende Wirkung. Zusätzlich hat ein Solariumsbesuch eine positive psychische Wirkung. Um die richtige Dosis zu finden, sollten Sie sich vor einer Anwendung beraten lassen und die Herstellerangaben des Geräts beachten. Lieber Vorsicht mit der Intensität, auch im Sinne Ihrer Haut!

Akupressur:
Die Akupressur ist eine Möglichkeit zur Muskelentspannung bzw. zur Harmonisierung eines durch sportliche Anstrengung erzeugten Ungleichgewichts im Körper bzw. in der Muskulatur. Auf einfache Art und Weise können Sie beispielsweise schon mit Hilfe eines Tennisballes einzelne Druckpunkte Ihres Körpers so beeinflussen, dass die gewünschten Muskelgruppen effektiv entspannt werden.
Diese Form der Muskelentspannung ist unkompliziert und hochwirksam und hat sich bereits über Generationen in der fernöstlichen Kultur bewährt.
Im Folgenden werden vier ausgewählte Übungen vorgestellt, die auf die besonders beanspruchten Muskelgruppen von Fitness- und Speed-Skatern abgestimmt sind. Um eine effektive Durchführung zu gewährleisten, ist dabei zu beachten:

- Die Druckintensität sollte maximal so hoch sein, dass Sie noch normal und regelmäßig atmen können.
- Der Druck sollte so lange konstant gehalten werden, bis eine deutliche Reduzierung der Intensität eintritt.
- Die Druckpunkte sollten immer symmetrisch, also auf beiden Körperseiten, stimuliert werden.

Akupressurübung 1:
Entspannung der Gesäßmuskulatur
Suchen Sie den Druckpunkt auf der Verbindungslinie zwischen Hüftknochen und Steißbein mit etwas größerem Abstand zum Steißbein. Legen Sie sich anschließend in entspannter Seitlage auf den entsprechend positionierten Tennisball.

Entspannung der Gesäßmuskulatur (Akupressurübung 1)

Entspannung der gesamten Beinmuskulatur (Akupressurübung 2)

Akupressurübung 2: Entspannung der gesamten Beinmuskulatur
Suchen Sie den Druckpunkt etwa 2–3 Zentimeter unterhalb der Spitze Ihres Beckenknochens. Legen Sie sich danach gestreckt auf den Bauch und platzieren Sie den Tennisball an der entsprechenden Stelle.

Entspannung der seitlichen Oberschenkelmuskulatur (Akupressurübung 3)

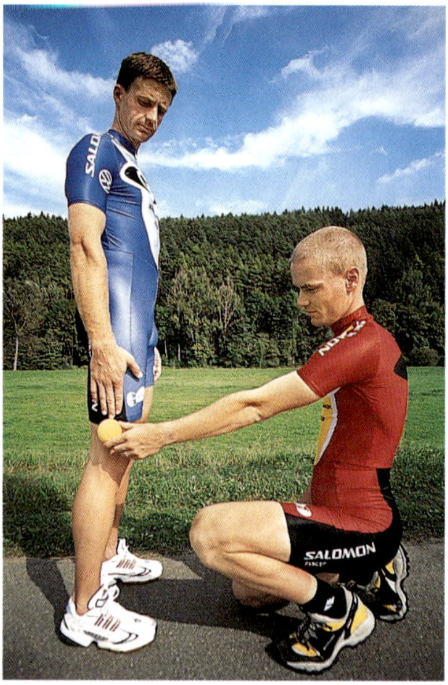

Akupressurübung 3: Entspannung der seitlichen Oberschenkelmuskulatur
Suchen Sie den Druckpunkt am seitlichen Oberschenkel mit ausgestrecktem Arm auf Höhe des Mittelfingers. Legen Sie sich in entspannter Seitenlage auf den unterhalb des Druckpunkts positionierten Tennisball.

Entspannung der Fußsohle (Akupressurübung 4)

Akupressurübung 4:
Entspannung der Fußsohle
Suchen Sie den Druckpunkt unter Ihrer Fußsohle in einer Vertiefung zwischen der zweiten und dritten Zehe. Stellen Sie sich anschließend mit leicht gebeugtem Knie auf den unterhalb des Druckpunkts platzierten Tennisball.

Mit regenerativem Training erhalten Sie sich den Spaß am Skaten!

Die langfristige Regeneration

Regeneration spielt auch im langfristigen Trainingsprozess eine entscheidende Rolle. Ein Trainingsprozess über das ganze Jahr hinweg ist die Basis für ein gesundes und erfreuliches Fitnesstraining. Innerhalb eines solch langen Zeitraums sollten Sie hin und wieder »Regenerationswochen« in Ihr Fitnessprogramm integrieren. Die langfristige Regeneration gibt Ihrem Körper Raum zur Ruhe und vermeidet Erschöpfungserscheinungen wie Trainingsunlust und Übertraining. Trainieren Sie in solchen Wochen nur wenig und wenn, dann ausschließlich regenerativ. Probieren Sie auch andere Sportarten aus, ohne gezielt Ihre Fitness steigern zu wollen. In diesem Zusammenhang bieten sich Aktivurlaube mit Bergwandern, Skilaufen, Radfahren, Wassersport etc. an. In Verbindung mit den genannten regenerativen Maßnahmen erlangen auf diese Weise sowohl Ihr Körper als auch Ihre Psyche neuen Elan, und Sie werden sich auf Ihr normales Fitnessprogramm wieder freuen.

Anhang

Adressen

Die Veranstaltungen im Fitness-Skating-Bereich sind mittlerweile äußerst vielfältig und kaum noch zu überschauen. Das Internet ermöglicht hier einen schnellen und einfachen Zugang zu detaillierten Informationen. Allgemeine Infos zu Technik, Schuh- und Equipment-Herstellern können genauso abgefragt werden wie Ankündigungen von großen Marathon-Events, City- und Night-Skating-Möglichkeiten und organisierten Skate-Reisen. Im Folgenden sind ein paar ausgewählte Kontaktadressen zusammengestellt.

Allgemeine Inline-Infos

Infos allgemein	www.inlinenews.de
Infos allgemein	www.inline-stuttgart.de/
Infos allgemein	www.maks.de/issBN
Infos allgemein	www.skategrrl.com/
Infos allgemein	www.skating.com/
Infos allgemein	www.inline-online.de/
Infos allgemein	www.skatecity.com/index/
Speed-Skating-Infos deutsch	www.speedskating.de
Speed-Skating-Infos deutsch	www.speedskater.de
Speed-Skating-Infos englisch	www.igs.net/~breakaway/
Wettkämpfe allgemein	www.championchip.de

Inline-Skate-Reisen

Internationale Skate-Reisen	www.skatetour.com

Inline-Veranstaltungen

Inline Cup, Rheinland, BaWü, Nord, Bayern, Hessen	www.inline-cup.de
Swiss Inline Cup	www.iguana.ch
111 km Marathon St. Gallen	www.inline.one-eleven.ch
AOK Veranstaltungen	www.aok.de
Veranstaltungshinweise	www.karthago.de/kkinlska/text/inlska1.htm
Veranstaltungshinweise	www.speedsk8in.com
Veranstaltungshinweise	http://perso.club-internet.fr/tbessson/vitesseframe.htm

Night-Skating-Events

Night-Skating Berlin	www.bladenightberlin.com/frames.html
Night-Skating München	www.raramuri.de/munichniteskate/index1.htm
Night-Skating Frankfurt	www.frankfurt-inline.de/
Night-Skating Kiel	www.inline-online.de/speed-team-kiel/
Night-Skating Darmstadt	www.sk8night.de
Night-Skating Zürich	www.raramuri.de/munichniteskate/index1.htm
Night-Skating Paris	www.pari-roller.com/

Inline-Marathon-Events

Berlin-Marathon	www.berlin-marathon.com/
Hamburg-Marathon	www.marathon-hamburg.de/
Frankfurt-Marathon	www.macona.de/frankfurt.marathon/index.html
Köln-Marathon	www.express.de/koeln-marathon/
Regensburg-Marathon	www.stadtmarathon-regensburg.de/
Hannover-Marathon	www.energiemarathon.de
Stuttgart-Lauf	www.wlv-sport.de
Wien-Marathon	www.inline-marathon.at/index_2.htm
New York-Stadtmarathon	www.skatecity.com/nymarathon
Athens to Atlanta	www.a2a.net/
Tahiti Marathon	www.snapsite.com/guests/sk8ctrl/public/html/page55.html

Hersteller

Bont	www.bont.com/
K2	www.k2-inline.de/indx4ie_mac.html
Kryptonics	www.kryptonics.com/kryptonics/default.asp
Labeda	www.labeda.com/
Raps	www.raps.nl/raps98/
Roces	www.roces.it/
Rollerblade	www.rollerblade.com/
Tecnica	www.tecnicausa.com/inline/
Salomon	www.salomonsports.de/

Verbände und Vereine

Deutsche Eisschnelllaufgemeinschaft	www.desg.de/
Deutscher Inline Skate Verband e.V.	www.d-i-v.de/
Weltverband FIRS	www.firs.org/federation/nationalfeds.html

Sollten Sie keine Zugangsmöglichkeit zum Internet haben, so erhalten Sie Informationen zu den oben aufgeführten Themen auch über die Inline-Verbände:

DRIVe, Deutscher Rollsport- und Inline-Verband e.V.
Sternengasse 5
89073 Ulm
Tel. 0731/66414
Fax 0731/9603517

D.I.V., Deutscher Inline-Skate Verband e.V.
Bergstraße 20
64342 Seeheim-Jugenheim
Tel. 06257/962236
Fax 06257/962232

Österreichischer Rollsport Verband
Kundmanngasse 24/3
A–1030 Wien
Tel. 0043/1/7140203
Fax 0043/1/7140204

Schweizer Rollsport Verband
Sihlbruggstraße 105
CH–6341 Baar
Tel. 0041/41/7604258
Fax 0041/41/7604222

Inline-Lexikon – das ABC des Fitness-Skatings

ABEC	Abk. für Annular Bearing Engineering Commitee; Qualitätsnorm für Kugellager mit Bewertung 1–9
Adenosintriphosphat	ATP, Allround-Energieträger des Körpers
aerob	Energiegewinnung mit Hilfe von Sauerstoff
Aggressive	Oberbegriff für Vert- und Street-Skating
Agonist	Muskel, der aktiv eine Bewegung ermöglicht
anaerob	Energiegewinnung ohne Sauerstoff
ANIS	Richtlinie des amerikanischen TÜV für Helme
Ankle Strap	Klettband zur Fixierung des Sprunggelenks
Antagonist	Gegenspieler und Kontrolleur des Agonisten
Anti Rockering	Die beiden inneren Rollen eines Skates sind höher angebracht als die beiden äußeren
ASA	American Skating Association
Balls	Kugeln im Kugellager
Bauer	Inline-Skate-Marke
Bearing	Kugellager
Body Move	Gewichtsverlagerung beim Fitness-Skating
Bont	Speed-Schuh-Hersteller
Breakaway	Ausreißversuch beim Speed-Skating
Buckle	Verschlussschnalle an den Inline-Skates
Carving	Bergabkurven auf Inline-Skates mit starkem Kanteneinsatz
Cast	Gipsabdruck vom Fuß
CERS	Comitee European Roller Skating
Coating	Außenschicht einer Inline-Rolle
Cones	Hindernishütchen für Slalomparcours
Contest	Wettkampf
Core	Kern einer Inline-Rolle
Crossover	aktives Kurvenfahren durch Übersetzen
Custom made	handgefertiger, individuell angepasster Skating-Schuh
DIHL	Deutsche-Inline-Hockey-Liga
D.I.V.	Deutscher Inline-Skate Verband e.V.
DRIVe	Deutscher Rollsport- und Inline-Verband e.V.
Double Push	Spezielle Skate-Technik im Speed-Skating
Downhill	Bergabskaten mit hohen Geschwindigkeiten
Drafting	Windschattenfahren beim Speed-Skating
Durometer	Normmaß (A) zur Bestimmung des Härtegrads einer Rolle
Ellbow Pad	Ellenbogenschoner zur Verletzungsprophylaxe
Event	Veranstaltung
exzentrisch	dynamisch-nachgebende Muskelarbeit gegen einen Widerstand
Feline	Inline-Skate-Marke für Frauen
Fila	Inline-Skate-Marke
FIRS	Federation International Roller-Skating
Frame	Schiene des Inline-Skates
Full Suspension	Dämpfungssystem für Inline-Skates
Glide	Gleitphase beim Fitness-Skating
Halfpipe	große Halbröhre, Disziplin für Aggressive-Skater
Hardboot	Hartkunststoffschalenschuh

Heel-Stop	Bremstechnik, bei der mit dem Bremsgummi gebremst wird
Hf_{max}	maximale Herzfrequenz in einer Sportart
Hybrid	Mischform zwischen Hard- und Softboot
Hyper	Inline-Rollen-Hersteller
Hypno	Inline-Skate-Marke
IISA	International Inline-Skating-Association
ISHF	International Skater Hockey Federation
Indoor-Skating	Skating in der Halle
Inline	in einer Reihe angeordnet
Inline-Guide	Inline-Routenführer für Fitness-Skater
Judge	Wettkampfrichter
Knee Pads	Knieschoner
Kontraktion	aktives Zusammenziehen der Muskulatur
konzentrisch	dynamisch-überwindende Muskelarbeit gegen einen Widerstand
K2	Inline-Skate-Marke
Kopp	Inline-Rollen-Hersteller
Kreatinphosphat	KP, Energielieferant für Kurzzeitbelastungen
Labeda	Inline-Rollen-Hersteller
Lace	Schnürsenkel
Laktat	Stoffwechselzwischenprodukt, entsteht bei intensiver Belastung durch Energiegewinnung ohne Sauerstoff
Liner	Innenschuh des Inline-Skates
Lubricat	Schmiermittel für Kugellager
Marathon	klassische Distanz über 42,195 km
NIHA	National Inline-Hockey Association
Nike	Inline-Skate-Marke
Offroad	Inline-Disziplin, Skaten im Gelände
Oxygen	Inline-Skate-Marke
Pad	Schoner zur Verletzungsprävention
Polyurethan	Abk. PU, Material für die Rollen
Power Box	Kraftfeld beim Speed-Skating, Zone des effektiven Abdrucks
Powerslide	spezielle, schwierige Bremstechnik durch Körperdrehung entgegengesetzt zur Fahrtrichtung
Protective Gear	Allgemeinbegriff für Schutzausrüstung
Push	Abdruck zur Seite
Quads	klassische Rollschuhe mit vier Rollen an zwei Achsen
Race	Wettkampf
Razors	Inline-Skate-Marke
Rebound	Maßeinheit für die Elastizität der Rollen
Recreation	Freizeit- und Spazieren-Skaten, Promenieren auf Inline-Skates
Road Race	Straßenrennen
Road Rash	Schürfwunde
Rollerblade	Inline-Skate-Marke
Rossignol	Inline-Skate-Marke
Roxa	Inline-Skate-Marke
Salomon	Inline-Skate-Marke
Shape	Form
Skin Suit	einteiliger, eng anliegender Rennanzug von Speed-Skatern
Slide Board	Wintertrainingsgerät für Speed-Skater und Eisschnellläufer
Softboot	Inline-Skate aus Leder, Nylon oder Verbundmaterial
Spacer	Distanzhalter zwischen den Kugellagern
Tecnica	Inline-Skate-Marke
Track	Inline-Skating-Bahn
T-Brake	effektive Bremstechnik im Fitness-Skating durch Querstellen eines Skates
Ultimate	Inline-Rollen-Hersteller
Ultra Wheels	Inline-Skate-Marke
Verducci	Inline-Skate-Marke
Wrist Guard	Handgelenkschoner

Literaturverzeichnis

Badkte, G.: Lehrbuch der Sportmedizin. Stuttgart 1987

Hilgert, R. E., Dallek, M., Radonich, H., Jungbluth, K. H.: Das Verletzungsmuster beim Inline-Skating. Verletzungsmechanismen und Prävention. In: Deutsche Zeitschrift für Sportmedizin, Jahrgang 47/1996, Nr. 11/12, S. 574–576

Hottenrott, K., Zülch, M.: Ausdauertrainer Inline-Skating. Rowohlt: Hamburg 1998

Ladig, G., Rüger, F.: Richtig Inline-Skating. BLV: München 2001

Martinez, M. L., Modrego, A., Ibanez Santos, J., Grijalba, A., Santesteban, M. D., Gorostiaga, E. M.: Physiological Comparison of Roller Skating, Treadmill Running and Ergometer Cycling. In: International Journal of Sports Medicine, 14/1993, S. 72–74

Neumann, G., Pfützner, A., Berbalk, A.: Optimiertes Ausdauertraining. Meyer & Meyer: Aachen 1998

Publow, B.: Speed on Skates. Human Kinetics: Champaign 1999

Schulz, H., Reiffer, S., Heck, H.: Inline-Skating als Ausdauertraining. In: Deutsche Zeitschrift für Sportmedizin, Jahrgang 47/1996, Nr. 11/12, S. 576–577

Schulz, H., Horn, A., Rautenberg, B., Heck, H.: Energy Cost of In-Line Skating. In: International Journal of Sports Medicine, 18/1997, Supplement, S. 131

Snyder, A. C., O'Hagan, K. P., Clifford, P. S., Hoffman, M. D., Foster, C.: Exercise Responses to In-Line Skating: Comparisons to Running and Cycling. In: International Journal of Sports Medicine, 14/1993, S. 38–42

Rundell, K.: Compromised Oxygen Uptake in Speed Skaters during Treadmill In-Line Skating. In: Medicine and Science in Sports and Exercise, 1996, S. 120–127

WO SKATEN?

BAYERN, ISBN 388 474 572-7, 19,80 DM
BADEN-WÜRTTEMBERG, ISBN 388 474 574-3, 19,80 DM
HESSEN, ISBN 388 474 573-5, 19,80 DM
SCHLESWIG-HOLSTEIN, ISBN 388 474 582-4, 19,80 DM
FRANKFURT, ISBN 388 474 617-0, 14,80 DM
BERLIN, ISBN 388 474 615-4, 14,80 DM
HAMBURG, ISBN 388 474 616-2, 14,80 DM
MÜNCHEN, ISBN 388 474 622-7, 14,80 DM
KÖLN, ISBN 388 474 618-9, 14,80 DM
RUHRGEBIET WEST, ISBN 388 474 620-0, 14,80 DM
RUHRGEBIET OST, ISBN 388 474 619-7, 14,80 DM
STUTTGART, ISBN 388 474 621-9, 14,80 DM
BREMEN, ISBN 388 474 712-6, 14,80 DM
DÜSSELDORF, ISBN 388 474 714-2, 14,80 DM
HANNOVER, ISBN 388 474 713-4, 14,80 DM
KIEL, ISBN 388 474 716-9, 14,80 DM
NÜRNBERG, ISBN 388 474 715-0, 14,80 DM
PARIS, ISBN 388 474 717-7, 19,80 DM
MALLORCA/IBIZA, 388 474 719-3, 19,80 DM
LEIPZIG, ISBN 388 474 837-8, 14,80 DM
NIEDERRHEIN, ISBN 388 474 838-6, 14,80 DM
MÜNSTERLAND, ISBN 388 474 839-4, 14,80 DM
OSTWESTFALEN, ISBN 388 474 840-8, 14,80 DM
SAUERLAND, ISBN 388 474 841-6, 14,80 DM
BERGISCHES LAND, ISBN 388 474 842-4, 14,80 DM
RHEIN-MAIN GEBIET, ISBN 388 474 843-0, 14,80 DM
RHEIN-NECKAR GEBIET, ISBN 388 474 844-0, 14,80 DM
HARZ, ISBN 388 474 845-9, 14,80 DM
SCHWARZWALD, ISBN 388 474 846-7, 14,80 DM
BODENSEE, ISBN 388 474 847-5, 14,80 DM
SAARLAND, ISBN 388 474 848-3, 14,80 DM **NEU**
NIEDERLANDE, ISBN 388 474 850-5, 19,80 DM **NEU**
ÖSTERREICH 1, ISBN 388 474 851-3, 24,80 DM **NEU**
ÖSTERREICH 2, ISBN 388 474 852-1, 24,80 DM **NEU**
SCHWEIZ, ISBN 388 474 906-4, 29,80 DM **NEU**

Die Inline Guides zeigen in detaillierten Karten
und ausführlichen Beschreibungen ausgesucht schöne
Inline-Strecken für Fitness-Skater.
Von der kleinen Sonntagsrunde bis zur Langstrecke.

Die neuen Bände erscheinen im Mai /Juni 2001

INLINE GUIDE
Wissen wo's langgeht!

Know-how für die Trainingspraxis

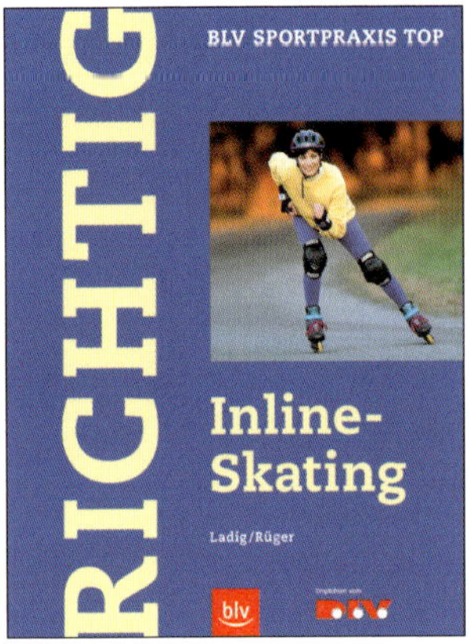

BLV Sportpraxis Top
Georg Ladig / Frank Rüger
Richtig Inline-Skating
Nach neuestem Stand und methodisch fundiert: Bedeutung für Fitness und Gesundheit, schrittweises Erlernen der Fahrtechnik, verschiedene Disziplinen und Wettkampfformen.

Dr. med. Thomas Wessinghage
Laufen
Einzigartig kompetente Information vom mehrfachen Deutschen Meister Thomas Wessinghage: alle Aspekte der Sportart sowie Erfahrungen aus langjähriger Wettkampfpraxis und als Sportmediziner – nach neuesten Erkenntnissen.

blv coach
Sebastian Baumgartner
Inline-Skaten: Bremstechnik · Sicherheit
Mehr Fun und Action für Jung und Alt durch sicheres, kontrolliertes Skaten und Bremsen: Fehlerursachen erkennen und beheben, Trainingstipps.

BLV Sportwissen
Fritz Zintl / Andrea Eisenhut
Ausdauertraining
Das Grundlagenbuch nach neuesten Erkenntnissen der Sportwissenschaft: Ausdauertraining in den verschiedenen Sportarten, Methodik und Steuerung des Trainings, Ausdauertraining im Kindes- und Jugendalter usw.

BLV Sportwissen
Manfred Grosser / Stephan Starischka / Elke Zimmermann
Das neue Konditionstraining
Kraft-, Schnelligkeits-, Ausdauer- und Gelenkigkeitstraining, allgemeine Prinzipien und Steuerung des Konditionstrainings, biologische Grundlagen, Trainingsmethoden und -programme, Kinder- und Jugendtraining.

BLV Sportwissen
Ludwig V. Geiger
Gesundheitstraining
Grundwissen über die Physiologie der Bewegung und des Trainings, Anleitungen zum Gesundheitstraining.

Im BLV Verlag finden Sie Bücher zu den Themen:
Garten und Zimmerpflanzen • Natur • Heimtiere • Jagd und Angeln • Pferde und Reiten • Sport und Fitness • Wandern und Alpinismus • Essen und Trinken

Ausführliche Informationen erhalten Sie bei:

BLV Verlagsgesellschaft mbH • Postfach 40 03 20 • 80703 München
Tel. 089/12705-0 • Fax 089/12705-543 • http://www.blv.de